GÉRARD
DE NERVAL

Sa Vie et ses Œuvres

PAR

ALFRED DELVAU

Eau-forte par G. STAAL.

PARIS

LIBRAIRIE DE Mme BACHELIN-DEFLORENNE

Rue des Prêtres-St-Germain-l'Auxerrois 14

M DCCC LXV

GÉRARD DE NERVAL

Tous les ouvrages de la *Collection du Bibliophile* sont la propriété de l'Éditeur, et leur reproduction ou traduction est interdite.

Paris.—Imprimé chez Bonaventure, Ducessois et Ce
quai des Augustins, 55.

GÉRARD DE NERVAL

A MADAME MELVIL-BLONÇOURT

. Les poëtes sont femmes : si l'admiration de la foule les flatte, les sympathies des esprits d'élite les charment ; ils se laissent volontiers adorer, mais ils préfèrent être compris. Les bravos tulmutueux du parterre ne valent pas les applaudissemeuts délicats des loges.

Gérard de Nerval est un de vos écrivains de prédilection, Madame ; vous en parlez comme je voudrais en savoir parler moi-

A

même, avec un goût parfait et une émotion exquise. Vous avez trouvé chez lui la poésie que vous portez en vous. J'en suis plus fier, et je vous en suis plus reconnaissant, que s'il s'agissait de moi et de mes propres œuvres, qui font nombre, hélas! sans faire autorité.

C'est pour vous témoigner ma reconnaissance, Madame, que j'ai pris la liberté de placer cette Étude, sincèrement écrite, sous la sauvegarde de votre nom, qui est celui d'un ami de ma jeunesse plus heureux que moi, puisqu'il vous a rencontrée — et que je cherche toujours.

Daignez me croire, Madame, votre très-respectueux et très-dévoué serviteur:

ALFRED DELVAU.

Tour-de-Crouy, avril 1865.

GERARD DE NERVAL

I

Le génie — ou seulement, le talent, sa
monnaie — est une faculté humaine si ex-
ceptionnelle, qu'on est tenté de la considé-
rer comme une maladie particulière, presque monstrueuse, et qu'à cause de cela on
recherche toujours avec avidité les occa-
sions de voir de près, de connaître familiè-
rement les illustres malheureux qui en sont
atteints. D'où, pour répondre à cette curiosité légitime, — mais malsaine — de la
foule, les *Mémoires, Confidences, Confes-*

sions de la plupart des grands hommes, dont cette curiosité caresse la vanité, en égratignant leur réputation.

Quand on a le respect de la religion, on a le respect du prêtre, et l'on ne veut pas, s'il quitte l'autel où il officie, qu'il sorte du temple où les. fidèles ont l'habitude de venir l'entendre sans le voir, entouré qu'il est d'une vapeur d'encens qui lui sert de nuage. Dieu a parlé à Moïse dans le Buisson ardent, mais jamais Moïse n'a cherché à surprendre Dieu. Le mystère est l'essence naturelle des choses surnaturelles — comme le génie, qui perd de son merveilleux en s'humanisant, et de sa majesté en déchirant de ses propres mains les voiles qui lui forment un vêtement sans analogie avec ceux de la foule. Que diriez-vous d'un évêque qui bénirait son troupeau de fidèles, habillé comme vous et moi ? L'abbé Chatel lui-même, qui avait eu la prétention de supprimer les pompes grandioses de l'Église catholique, n'officiait que revêtu des habits sacerdotaux : il voulait bien dire la messe en français, — mais à la condition de la servir en latin. Pour qu'on croie au génie, il faut qu'il porte toujours son costume royal, sa pourpre et son hermine, son sceptre et sa couronne, éblouissant, aveuglant, — à ce point qu'on n'ose pas le regarder en face : le jour où il se montre en chemise, on le fouette d'épigrammes blessantes et de moqueries injurieuses. Dangeau est respectueux ; mais Saint-Simon ?

Pour ma part, j'en fais l'aveu — au risque d'être seul à le faire : cette recherche des particularités triviales ou honteuses relatives aux hommes d'exception, comme les poëtes, est indiscrète, inconvenante — et maladroite. Pourquoi aller ainsi écouter aux portes ce que les domestiques des grands hommes disent de leurs maîtres, et ce que leurs maîtres laissent échapper eux-mêmes, aux heures où ils se rattachent à l'humanité par des sottises ou par des faiblesses qui paraissent alors d'autant plus choquantes

La goutte d'huile de la lampe de Psyché fait plus que de brûler le divin dormeur, elle le souille. Jamais on ne pardonnera à un grand homme de ressembler à un homme ordinaire, d'avoir comme le premier venu des laideurs corporelles ou des infirmités morales, — en un mot, de n'être pas parfait; et non-seulement on s'empressera de lui reprendre l'admiration qu'on lui avait d'abord donnée sans marchander, et qu'on lui reprochera d'avoir volée, mais encore on poussera l'injustice jusqu'à oublier telle belle page de son livre, un chef-d'œuvre, pour ne se rappeler que le strabisme de son esprit ou la gibbosité de son caractère. C'est l'effet habituel des réactions.

De bonne foi, qu'a gagné Jean-Jacques à la publication de ses *Confessions*, sinon un peu de mépris de la part des lecteurs qui aiment qu'un écrivain se respecte, — et même un peu de dégoût de la part de ceux qui veulent qu'on les respecte eux-mêmes? Le livre est beau; c'est le plus éloquent

qu'ait écrit Rousseau, et cependant il tombe
des mains dès la première page : si l'on
pouvait haïr un homme que son malheur
rend sacré, on haïrait le fils de l'horloger
de Genève pour les turpitudes qu'il étale
avec une naïveté qui touche de si près au
cynisme ; on le haïrait de nous apprendre
ce que nous ne tenions pas du tout à savoir,
ses tribulations de laquais et ses indélica-
tesses d'amant, — qui éclaboussent son
génie en tachant sa vie.

Je pousse si loin l'horreur de ces *Confiteor*
publics, inutiles quand ils ne sont pas dangereux, que les *Mémoires* de Gœthe eux-mêmes ne trouvent pas grâce devant moi. J'a-
vais pour le Jupiter de Weimar, si majestueux
dans son impavidité de statue, un respect
profond, quasi religieux ; il me plaisait de
penser qu'il n'appartenait par aucun cordon ombilical à l'Humanité, qu'il contem-
plait du haut de son Olympe avec le sourire
tranquille d'un Dieu qui se sait adoré. Le
jour où j'ai lu ses Confessions, mon respect

s'est lézardé et le doute est entré dans mon
esprit.. J'ai raisonné avec mon admiration,
j'ai discuté avec ma foi, et, quoique sans
cesser de croire, j'ai cessé d'adorer : la
statue de bronze avait un cœur d'argile ! Ne
me dites pas non, car je vous renverrais à
la première page de son autobiographie, où
il nous apprend, le plus sérieusement du
monde, que le ciel, la terre et les étoiles
s'étaient donné le mot pour fêter l'heure de
sa naissance. « La constellation était favo-
rable, le soleil était dans le signe de la
Vierge et culminait ce jour-là ; Jupiter et
Vénus le regardaient d'un air amical, Mercure ne lui était pas hostile, Saturne et Mars
restaient indifférents. » Et puis, ce qui est
plus grave que cette expansion d'orgueil,
qui est peut-être une ironie de style, c'est
la façon, ou plutôt le sans-façon dont il
traite l'amour, ce colosse. Lucinde prophétisait quand, dans sa rage folle d'être dédaignée, mordant tout à coup de sa bouche
de feu les lèvres de glace du jeune Gœthe,

elle s'écriait : « Malheur, et pour toujours malheur sur la femme qui appuiera ses lèvres sur celles que je viens de frapper de cette malédiction !... » Elle prophétisait, la pauvre chère victime ; elle parlait au nom de ces pâles ombres qui, jusque dans les profondeurs de l'éternité, feront cortége à ce lumineux génie : Gretchen, Annette, Émilie, Frédérique, Charlotte, Lili, et d'autres encore, dont le souvenir ne troubla jamais sa vie, car il ne connut jamais le remords, — une faiblesse !

Cependant il arrive quelquefois qu'au lieu de se repentir de sa curiosité, on s'en applaudisse, qu'on gagne au lieu de perdre à connaître tel grand artiste ou tel grand poëte dans le déshabillé de son existence, qui le complète au lieu de l'amoindrir. Ceux-là sont rares parmi les rares, — essences précieuses dans des flacons de pur cristal, subtiles et transparentes !

Gérard de Nerval fut un de ces rares. Tout le monde l'a lu et tout le monde l'a

connu : j'ai cherché vainement contre lui,
dans le fumier des médisances contemporaines, une seule anecdote qui le déshono-
rât comme homme en le rapetissant comme
écrivain. Jamais, il est vrai, Gérard n'avait
su haïr rien ni personne — pas même la
sottise, si exaspérante pourtant. Son ironie
— quand il en eut — fut toujours douce et
pour ainsi dire bienveillante : s'il eût cassé
les vitres, il eût voulu qu'on fût tenté de
les lui payer, comme Joubert, un écrivain
de sa famille. Cela m'a rendu sa mémoire
plus chère, et c'est en frère attendri —
frère beaucoup plus jeune et beaucoup plus
obscur — que j'écris, au hasard de mes souvenirs et de mes impressions de lecture,
ces pages rapides qui parlent de lui, de ses
œuvres et de sa vie, de son cœur et de son
cerveau, de son talent et de son caractère.
Cette biographie est un hommage pieux.

II

Gérard va m'aider lui-même dans cette tâche délicate et faire à lui seul la moité de ma besogne : l'humble monument que je veux lui élever n'en sera que mieux construit.

« Le hasard a joué un si grand rôle dans ma vie, — dit-il en ce chapitre de la *Bohème galante* qui porte pour titre *Juvenilia*, — que je ne m'étonne pas en songeant à la façon singulière dont il a présidé à ma naissance [1]. Un jour, un cheval s'échappa d'une pelouse verte qui bordait l'Aisne, et disparut bientôt entre les halliers; il gagna la région sombre des arbres et se perdit dans la forêt de Compiègne. Cela se passait vers 1770.

« Ce n'est pas un accident rare qu'un cheval échappé à travers une forêt. Et cependant je n'ai pas d'autre titre à l'existence. Cela est probable du moins, si l'on en croit ce que Hoffman appelait *l'enchainement des choses.*

« Mon grand-père était jeune alors. Il avait pris le cheval dans l'écurie de son père, puis il s'était assis sur le bord de la rivière, rêvant à je ne sais quoi, pendant que le soleil se couchait dans les nuages empourprés du Valois et du Beauvoisis.

« L'eau verdissait et chatoyait de reflets sombres, des bandes violettes striaient les

1 Gérard Labrunie, dit de Nerval, est né à Paris le 21 mai 1808.

rougeurs du couchant. Mon grand-père, en se retournant pour partir, ne trouva plus le cheval qui l'avait amené. En vain il le chercha, l'appela jusqu'à la nuit. Il lui fallut revenir à la ferme.

« Il était d'un naturel silencieux ; il évita les rencontres, monta à sa chambre et s'endormit, comptant sur la Providence et sur l'instinct de l'animal, qui pouvait bien lui faire retrouver la maison.

« C'est ce qui n'arriva pas. Le lendemain matin, mon grand-père descendit de sa chambre et rencontra dans la cour son père, qui se promenait à grands pas. Il s'était aperçu déjà qu'il manquait un cheval à l'écurie. Silencieux comme son fils, il n'avait pas demandé quel était le coupable : il le reconnut en le voyant devant lui.

« Je ne sais ce qui se passa. Un reproche trop vif fut cause sans doute de la résolution que prit mon grand-père. Il monta à sa chambre, fit un paquet de quelques habits, et, à travers la forêt de Compiègne, il

gagna un petit pays situé entre Ermenonville et Senlis, près des étangs de Châalis,
vieille résidence carlovingienne. Là, vivait
un de ses oncles, qui descendait, dit-on,
d'un peintre flamand du xviiᵉ siècle. Il habitait un ancien pavillon de chasse aujour-
d'hui ruiné, qui avait fait partie des apana-
ges de Marguerite de Valois. Le champ
voisin, entouré de halliers qu'on appelle les
Bosquets, était situé sur l'emplacement
d'un ancien camp romain et a conservé le
nom du dixième des Césars. On y récolte
du seigle dans les parties qui ne sont pas
couvertes de granits et de bruyères. Quelquefois on y a rencontré, en *traçant*, des
pots étrusques, des médailles, des épées
rouillées, ou des images informes de dieux
celtiques.

« Mon grand-père aida ce vieillard à
cultiver ce champ, et fut récompensé pa-
triarcalement en épousant sa cousine. Je
ne sais pas au juste l'époque de leur mariage ; mais, comme il se maria avec l'épée,

comme aussi ma mère reçut le nom de Marie-Antoinette avec celui de Laurence, il est probable qu'ils furent mariés un peu avant la Révolution. Aujourd'hui, mon grand-père repose avec sa femme et sa plus jeune fille au milieu de ce champ qu'il cultivait jadis. Sa fille aînée est ensevelie bien loin de là, dans la froide Silésie, au cimetière catholique polonais de Cross-Glogaw. Elle est morte à vingt-cinq ans, des fatigues de la guerre, d'une fièvre qu'elle gagna en traversant un pont chargé de cadavres, où sa voiture manqua d'être renversée. Mon père, forcé de rejoindre l'armée à Moscou, perdit plus tard ses lettres et ses bijoux dans les flots de la Bérésina.

« Je n'ai jamais vu ma mère, ses portraits ont été perdus ou volés; je sais seulement qu'elle ressemblait à une gravure du temps, d'après Prudhon ou Fragonard, qu'on appelait la *Modestie*. La fièvre dont elle est morte m'a saisi trois fois, à des époques qui forment dans ma vie des divisions ré-

gulières, périodiques. Toujours, à ces époques, je me suis senti l'esprit frappé des
images de deuil et de désolation qui ont
entouré mon berceau. Les lettres qu'écrivait ma mère, des bords de la Baltique, ou
des rives de la Sprée ou du Danube, m'a-
vaient été lues tant de fois ! Le sentiment du
merveilleux, le goût des voyages lointains,
ont été sans doute pour moi le résultat de ces
impressions premières, ainsi que du séjour
que j'ai fait longtemps dans une campagne
isolée au milieu des bois. Livré souvent aux
soins des domestiques et des paysans, j'avais
nourri mon esprit de croyances bizarres,
de légendes et de vieilles chansons. Il y
avait là de quoi faire un poëte, et je ne suis
qu'un rêveur en prose.

« J'avais sept ans, et je jouais, insoucieux, sur la porte de mon oncle, quand
trois officiers parurent devant la maison ;
l'or noirci de leurs uniformes brillait à
peine sous leurs capotes de soldat. Le premier m'embrassa avec une telle effusion,

que je m'écriai : « Mon père; tu me fais mal ! » De ce jour, mon destin changea.

« Tous trois revenaient du siége de Strasbourg. Le plus âgé, sauvé des flots de la Bérésina glacée, me prit avec lui pour m'apprendre ce qu'on appelait mes devoirs. J'étais faible encore, et la gaieté de son plus jeune frère me charmait pendant mon travail. Un soldat qui les servait eut l'idée de me consacrer une partie de ses nuits. Il me réveillait le matin avant l'aube, et me promenait sur les collines voisines de Paris, me faisant déjeuner de pain et de crème dans les fermes ou dans les laiteries.

« Une heure fatale sonna pour la France. Son héros, captif lui-même au sein d'un vaste empire, voulut réunir dans le Champ de Mai l'élite de ses héros fidèles. Je vis ce spectacle sublime dans la loge des généraux. On distribuait aux régiments des étendards ornés d'aigles d'or, confiés désormais à la fidélité de tous. Un soir, j vis se dérouler sur la grande place de la ville une immense décoration qui représentait un vaisseau en mer. La nef se mouvait sur une onde agitée et semblait voguer vers une tour qui marquait le rivage. Une rafale violente détruisit l'effet de cette représentation. Sinistre augure qui prédisait à la patrie le retour des étrangers.

« Nous revîmes les fils du Nord, et les cavales de l'Ukraine rongèrent encore une fois l'écorce des arbres de nos jardins. Mes sœurs du hameau revinrent à tire-d'ailes, comme des colombes plaintives, et m'apportèrent dans leurs bras une tourterelle aux pieds roses, que j'aimais comme une sœur.

« Un jour, une des belles dames qui visitaient mon père me demanda un léger service : j'eus le malheur de lui répondre avec impatience. Quand je retournai sur la terrasse, la tourterelle s'était envolée. J'en conçus un tel chagrin, que je faillis mourir d'une fièvre purpurine qui fit porter à l'épi-

derme tout le sang de mon cœur. On crut
me consoler en me donnant pour compagnon un jeune sapajou rapporté d'Amé-
rique par un capitaine, ami de mon père.
Cette jolie bête devint la compagne de mes
jeux et de mes travaux.

« J'étudiais à la fois l'italien, le grec et
le latin, l'allemand, l'arabe et le persan. Le
Pastor fido, *Faust*, Ovide et Anacréon,
étaient mes poëmes et mes poëtes favoris.
Mon écriture, cultivée avec soin, rivalisait
parfois de grâce et de correction avec les
manuscrits les plus célèbres de l'Iram. Il
fallait encore que le trait de l'amour per-
çât mon cœur d'une de ses flèches les plus
brûlantes! Celle-ci partit de l'arc délié du
sourcil noir d'une vierge à l'œil d'ébène,
qui s'appelait Héloïse. — J'y reviendrai plus
tard.

« J'étais toujours entouré de jeunes filles; — l'une d'elles était ma tante; deux
femmes de la maison, Jeannette et Fanchette, me comblaient aussi de leurs soins.

Mon sourire enfantin rappelait celui de ma
mère, et mes cheveux blonds mollement
ondulés, couvraient avec caprice la gran-
deur précoce de mon front. Je devins épris
de Fanchette, et je conçus l'idée singulière
de la prendre pour épouse selon les rites
des aïeux. Je célébrai moi-même le mariage, en figurant la cérémonie au moyen
d'une vieille robe de ma grand'mère que
j'avais jetée sur mes épaules. Un ruban pailleté d'argent ceignait mon front, et j'avais
relevé la pâleur ordinaire de mes joues d'une
couche de fard. Je pris à témoin le Dieu
de nos pères et la Vierge sainte, dont je
possédais une image, et chacun se prêta
avec complaisance à ce jeu naïf d'un enfant.

« Cependant j'avais grandi; un sang ver-
meil colorait mes joues; j'aimais à respirer
l'air des forêts profondes; les ombrages
d'Ermenonville, les solitudes de Morfon-
taine, n'avaient plus de secrets pour moi.
Deux de mes cousines habitaient par là.

J'étais fier de les accompagner dans ces vieilles forêts, qui semblaient leur domaine. Le soir, pour divertir nos vieux parents, nous représentions les chefs-d'œuvre des poëtes, et un public bienveillant nous comblait d'éloges et de couronnes. Une jeune fille vive et spirituelle, nommée Louise, partageait nos triomphes; on l'aimait dans cette famille, où elle représentait la gloire des arts.

« Je m'étais rendu très-fort sur la danse. Un mulâtre, nommé Major, m'enseignait à la fois les premiers éléments de cet art et ceux de la musique, pendant qu'un peintre de portraits, nommé Mignard, me donnait des leçons de dessin. Mademoiselle Nouvelle était l'*étoile* de notre salle de danse. Je rencontrai un rival dans un joli garçon nommé Provost. Ce fut lui qui m'enseigna l'art dramatique : nous représentions ensemble de petites comédies qu'il improvisait avec esprit. Mademoiselle Nouvelle était naturellement notre actrice principale, et

tenait une balance si exacte entre nous
deux, que nous soupirions sans espoir...

« La pension que j'habitais avait un voisinage de jeunes brodeuses. L'une d'elles,
qu'on appelait la Créole, fut l'objet de mes
premiers vers d'amour; son œil sévère, la
sereine placidité de son profil grec, me ré-
conciliaient avec la froide dignité des études;
c'est pour elle que je composai des traduc-
tions versifiées de l'ode d'Horace *A Tynda-
ris*, et d'une mélodie de Byron, dont je tra-
duisais ainsi le refrain :

> Dis-moi, jeune fille d'Athénes,
> Pourquoi m'as-tu ravi mon cœur ?

« Quelquefois je me levais dès le point
du jour et je prenais la route de ***, courant
et déclamant mes vers un milieu d'une pluie
battante. La cruelle se riait de mes amours
errantés et de mes soupirs ! C'est pour elle
que je composai la pièce suivante, imitée
d'une mélodie de Thomas Moore :

> Quand le plaisir brille en tes yeux
> Pleins de douceur et d'espérance;

Quand le charme de l'existence
Embellit tes traits gracieux,—
Bien souvent alors je soupire
En songeant que l'amer chagrin,
Aujourd'hui loin de toi, peut t'atteindre demain,
Et de ta bouche aimable effacer le sourire ;
Car le Temps, tu le sais, entraîne sur ses pas
Les illusions dissipées,
Et les feux refroidis, et les amis ingrats,
Et les espérances trompées !

Mais crois-moi, mon amour ! tous ces charmes naissants
Que je contemple avec ivresse,
S'ils s'évanouissaient sous mes bras caressants,
Tu conserverais ma tendresse !—
Si tes attraits étaient flétris,
Si tu perdais ton doux sourire,
La grâce de tes traits chéris
Et tout ce qu'en toi l'on admire,
Va, mon cœur n'est pas incertain :
De sa sincérité tu pourrais tout attendre.
Et mon amour, vainqueur du Temps et du Destin,
S'enlacerait à toi, plus ardent et plus tendre !

Oui, si tous tes attraits te quittaient aujourd'hui,
J'en gémirais pour toi ; mais en ce cœur fidèle
Je trouverais peut-être une douceur nouvelle,
Et, lorsque loin de toi les amants auraient fui,
Chassant la jalousie en tourments si féconde,

Une plus vive ardeur me viendrait animer.
Elle est donc à moi seul, dirais-je, puisqu'au monde
Il ne reste que moi qui puisse encor l'aimer !

Mais qu'osé-je prévoir ? tandis que la jeunesse
T'entoure d'un éclat, hélas ! bien passager,
Tu ne peux te fier à toute la tendresse
D'un cœur en qui le temps ne pourra rien changer.
Tu le connaîtras mieux : s'accroissant d'âge en âge,
L'amour constant ressemble à la fleur du Soleil
Qui rend à son déclin, le soir, le même hommage
Dont elle a, le matin, salué son réveil !...

« J'échappe à ces amours volages pour
raconter mes premières peines. Jamais un
mot blessant, un soupir impur, n'avaient
souillé l'hommage que je rendais à mes
cousines. Héloïse, la première, me fit connaître la douleur. Elle avait pour gouver-
nante une bonne vieille italienne qui fut in-
struite de mon amour. Celle-ci s'entendit
avec la servante de mon père pour nous
procurer une entrevue. On me fit descendre
dans une chambre où la figure d'Héloïse
était représentée par un vaste tableau. Une
épingle d'argent perçait le nœud touffu de

ses cheveux d'ébène, et son buste étincelait comme celui d'une reine, pailleté de trèfles d'or sur un fond de soie et de velours. Éperdu, fou d'ivresse; je m'étais jeté à genoux devant l'image; une porte s'ouvrit, Héloïse vint à ma rencontre et me regarda d'un œil souriant : « Pardon, reine, m'é-
« criai-je, je me croyais le Tasse aux pieds
« d'Éléonore, ou le tendre Ovide aux pieds
« de Julie!... »

« Elle ne put rien me répondre, et nous restâmes tous deux muets dans une demi-obscurité. Je n'osai lui baiser la main, car mon cœur se serait brisé. O douleurs et regrets de mes jeunes amours perdues! que vos souvenirs sont crüels!... »

III

C'est à dessein que j'ai cité tout au long ce fragment des Confessions de Gérard de Nerval. Il dit plus éloquemment que je n'eusse pu le faire quelle a été l'enfance de ce mélancolique poëte et de quelles molles clartés a été pénétrée sa jeunesse. Heureux les hommes qui ont eu l'inappréciable avantage de vivre leurs premières années dans la familiarité des femmes, — mères, sœurs, ou cousines! Il leur reste au cœur et à l'esprit, de ce contact permanent et prolongé avec les Muses du foyer, un ineffaçable parfum qui les *délicatise* et leur donne le *charme*, soit qu'ils parlent, soit qu'ils écrivent : ils ont pour toute leur vie des paroles lumineuses ou des phrases ailées qui ne ressemblent pas aux paroles des autres orateurs ni aux phrases des autres écrivains, plus virilement élevés. C'est la différence du brutal Ajax et du doux Troïlus, — l'un grandi dans les camps, au milieu des soudards, — l'autre, grandi à la cour du vieux Priam, au milieu des belles suivantes de la belle Hélène.

Hélas ! Gérard, lui aussi, allait bientôt avoir sa Cressida et être « rationné à quelques baisers faméliques qui devaient avoir le goût des larmes ! »

Mais avant d'en arriver à cette page douloureuse de sa vie, il nous faut en raconter d'autres, aussi intéressantes, — quoique moins tristes. Pour cela, nous nous exilerons, s'il vous plaît, de la patrie d'adoption de Gérard, de ce Valois pittoresque où il nous ramènera tout à l'heure avec lui. Assurément, s'il n'eût écouté que la voix de la sagesse, il n'eût jamais quitté ces solitu-

des enchantées, où il eût rêvé à son aise
durant toute une longue existence, en compagnie de Sylvie, une petite paysanne qui
ne demandait pas mieux que de l'aimer ;
jamais il n'eût écrit, étant heureux, — et
nous y aurions perdu un remarquable écrivain. Mais les poëtes n'écouteront jamais la
voix de la Sagesse — qui parle peut-être
trop mal pour eux.

Gérard de Nerval vint donc à Paris où,
après avoir fait ses études au collége de
Charlemagne, il débuta dans la littérature
par des *Élégies nationales,* — c'est-à-dire
bonapartistes. Gérard était le fils d'un soldat de Napoléon : il payait à sa façon sa
dette au « grand homme. »

Il avait dix-huit ans alors. Je n'accuse
pas les *Élégies* d'être des chefs-d'œuvre ;
mais elles valent certes quelque chose, et
un peu plus, en tous cas, que la foule d'O-
des, d'Élégies, de Poëmes qui surgissaient
alors de tous côtés pour pleurer sur le sort
de Missolonghi, que les Turs venaient de

prendre d'assaut pour la seconde fois malgré l'héroïque défense de Nothos-Botzaris.
Je leur préfère de beaucoup sa comédie sa-
tirique en vers intitulée : *L'Académie ou les
Membres introuvables*, publiée la même an-
née (1826) par le libraire Touquet. La
docte assemblée y est naturellement malme-
née, et les académiciens y sont traités avec
l'irrévérence que les jeunes gens mettent
trop souvent à parler des vieillards. Vous
en devinez le sujet : M. Lemontey, un immortel, est mort, il s'agit de le remplacer ;
M. Roger, autre immortel, cherche partout
un homme de bonne volonté qui consente à
s'asseoir sur ce fauteuil où, paraît-il, on
dort si bien, et, malgré l'appât des quinze
cents francs annuels et des jetons de présence, il n'est pas plus heureux dans les
rues de Paris que Diogène dans les rues de
Corinthe.

Que dira notre siècle et... la Postérité ?

s'écrie-t-il, désespéré.

Raynouard, secrétaire perpétuel, lui répond ironiquement :

Ah ! la Postérité, personne fort honnête,
Aura, j'en suis garant, bien autre chose en tête ;
De pareils immortels y feront peu de bruit...

M. Roger reprend :

L'Histoire nous attend...

Raynouard lui réplique :

...Et l'oubli vous poursuit !...

M. Roger, malgré l'insuccès de ses premières recherches, persiste à ne pas éteindre sa lanterne. Il va jusqu'à offrir le fauteuil de Lemontey au *Pauvre du Pont des Arts* — qui le refuse en disant :

Je suis pauvre, il est vrai, mais j'ai des sentiments.

L'Académie, malade de cet abandon, et aussi probablement du régime auquel l'a soumise son médecin, M. Pariset, est sur le

point d'expirer. Les billets de faire part sont
prêts :

A MONSIEUR ***

Comme à l'existence éternelle
Rien ici-bas ne doit viser,
Vous êtes prié d'excuser
La triste mort d'une immortelle :
A Montrouge, lieu de son choix,
Repose notre Académie,
Si l'on *repose*, toutefois,
Quand on n'a rien fait de sa vie.

De Profundis.

Cependant elle se ranime peu à peu en
apprenant qu'on vient de trouver un remplaçant à Lemontey, et que ce remplaçant
est l'abbé Féletz ; et, pour l'achever de
guérir, le docteur Pariset la fait conduire
— aux *Incurables.*

Ce n'est pas là une comédie proprement
dite ; ce n'est pas là non plus une satire :
Gérard de Nerval n'avait en lui ni le tempé-
rament d'Archiloque, ni celui de Molière.
Sa voie était ailleurs. Toutefois, un mot

restera de cette tentative, le verbe s'*endu-cailler*, et je connais beaucoup de comédies qui n'en pourraient pas dire autant, parce que, au lieu d'enrichir la langue, elles l'ont appauvrie — en la déshonorant.

A peu près à la même époque, Gérard faisait paraître sa belle traduction du *Faust*, que Gœthe proclamait « un prodige de style. »

Avec un pareil brevet, signé d'une pareille main, on sort aisément de la foule. Gérard Labrunie venait de faire consacrer son nom de Gérard de Nerval, non pour le gros du public, mais pour cette fraction choisie qui accueille avec tant de joie et d'empressement les gloires nouvelles,— au risque de s'en repentir plus tard, quand l'une de ces gloires ne tient pas les promesses de son début.

I V

Vers 1835, nous retrouvons Gérard de Nerval dans une vieille maison de la vieille rue du Doyenné, tout au fond de la vieille place du Louvre, à l'endroit où est aujourd'hui le pavillon Mollien. — Il avait traduit *Faust*, il avait été appelé à collaborer au *Mercure* du bibliophile Jacob, en compagnie d'Alexandre Dumas, de Jules Janin, de Théophile Gautier : c'est dire qu'il vivait en plein romantisme et en pleine bohème littéraire. — une bohème dorée, s'il

vous plaît, avec laquelle celle de Schau-
nard n'a que des rapports très-éloignés.

Cette vieille maison de la rue du Doyenné, voisine de l'hôtel célèbre où madame de
Vivonne avait réuni tous les artistes et tous
les beaux esprits de son temps, ils l'habitaient à neuf ou dix, peintres ou poëtes:
Célestin Nanteuil et Théophile Gautier,
Lorentz et Arsène Houssaye, Edouard Our-
liac et Camille Rogier, Alphonse Karr et
Philippe Rousseau, Théodore Chassériau
et Gérard de Nerval, Corot et Eugène de
Stadler : des inconnus alors, des célébrités aujourd'hui, des oubliés peut-être demain. « Quels temps heureux! On donnait
des bals, des soupers, des fêtes costumées;
on jouait de vieilles comédies, où mademoiselle Plessy, étant encore débutante, ne
dédaignait pas d'accepter un rôle; — celui
de Béatrice dans *Jodelet.* »

C'est dans ce vieux salon du Doyenné,
« restauré par les soins de tant de peintres, » et qui rétentissait souvent des rimes

galantes de tant de poëtes, des rires joyeux
ou des folles chansons de tant de Cydalises,
que Théophile Gautier composa ses *Jeune
France*, et que Gérard de Nerval impro-
visa la *Reine de Saba* pour Jenny Colon,
une *étoile* de l'Opéra-Comique à laquelle
il avait trouvé une ressemblance étrange
avec une jeune fille du Valois qu'il avait
aimée quelques années auparavant.

Un soir, il était entré au théâtre où
rayonnait son « étoile; » il avait été frappé
de cette ressemblance extraordinaire, et, le
lendemain et les jours suivants, il était revenu se repaître de cette chimère; c'était
pour s'en rapprocher davantage qu'il avait
songé à écrire, en collaboration avec Dumas,
un opéra, la *Reine de Saba*, dont Meyerbeer avait promis d'écrire la musique.

« La reine de Saba, c'était bien celle
qui me préoccupait alors, et doublement.
Le fantôme éclatant de la fille des Hémia-
rites tourmentait mes nuits sous les hautes
colonnes de ce grand lit sculpté, acheté en

Touraine, et qui n'était pas encore garni de sa brocatelle rouge à ramages. Les Salamandres de François Ier me versaient leur flamme du haut des corniches, où se jouaient des Amours imprudents. ELLE m'apparaissait radieuse, comme au jour où Salomon l'admira s'avançant vers lui dans les splendeurs pourprées du matin. Elle venait, me proposant l'éternelle énigme que le Sage ne put résoudre, et ses yeux, que la malice animait plus que l'amour, tempéraient seuls la majesté de son visage oriental. Qu'elle était belle ! Non pas plus belle cependant qu'une autre reine du matin dont l'image tourmentait mes journées. »

Malheureusement Dumas s'était brouillé avec Meyerbeer, — ou Meyerbeer avec Dumas, — et Gérard de Nerval en avait été pour ses frais d'imagination, dans lesquels il rentrait plus tard en faisant de son opéra une série de nouvelles orientales, les *Nuits du Ramazan.*

Et son autre Reine de Saba? Ne pouvant

s'en approcher, il avait songé à s'en éloigner. Le soir du jour où Meyerbeer avait
rendu le libretto improvisé par lui, il était
parti pour l'Allemagne.

L'Allemagne, c'est loin, l'Italie aussi ;
mais on en revient — surtout quand on est
sollicité à revenir par l'inextinguible désir
de se repaître de la vue de sa chimère, au
risque d'en mourir.

Les voyages n'avaient fait que mûrir la
passion de Gérard au lieu de l'étouffer : le
serpent qu'il croyait mort se remuait avec
plus d'énergie dans son sein et le mordait
plus cruellement que par le passé.

C'est alors que, pour échapper aux ob-
sessions de cet amour charmant et funeste,
dont il souffrait et dont il était heureux de
souffrir, il sortit une nuit de son lit solitaire
et se rendit tout d'une traite à la *Fête du
bouquet provincial* de Loisy, dans le Valois,
— le pays natal de son cœur. « Demain,
les archers de Senlis doivent rendre le bouquet à ceux de Loisy. » Cette simple

phrase, lue quelques heures auparavant, à
la quatrième page d'un journal du Cercle
où il passait quelquefois la soirée, cette simple phrase avait réveillé en lui une nichée
de souvenirs printaniers, qui s'étaient mis à
gazouiller comme une nichée de rossignols.
« C'était un souvenir de la province depuis
longtemps oubliée, un écho lointain des fêtes
naïves de la jeunesse. Le cor et le tambour
résonnaient au loin dans les hameaux et dans
les bois; les jeunes filles tressaient des guir-
landes et assortissaient, en chantant, des
bouquets ornés de rubans. Un lourd chariot,
traîné par des bœufs, recevait ces présents
sur son passage, et les enfants de ces con-
trées formaient le cortége avec leurs arcs et
leurs flèches, se décorant du titre de cheva-
liers,—sans savoir alors qu'ils ne faisaient que
répéter d'âge en âge une fête druidique,
survivant aux monarchies et aux religions
nouvelles. » Gérard, en se rappelant le cadre, s'était mis aussi à se souvenir de quelques portraits.

D'Adrienne d'abord, « une blonde, grande et belle, » qui faisait partie de la théorie de jeunes filles qui dansaient en rond sur la pelouse d'un château du temps de Henri IV, en chantant de vieux airs transmis par leurs mères, « et d'un français si naturellement pur, que l'on se sentait bien exister dans ce vieux pays du Valois où, pendant plus de mille ans, a battu le cœur de la France. » Gérard était le seul garçon de cette ronde féminine : « Tout d'un coup, suivant les règles de la danse, Adrienne se trouva placée seule avec moi au milieu du cercle. Nos tailles étaient pareilles. On nous dit de nous embrasser, et la danse et le chœur tournaient plus vivement que jamais. En lui donnant ce baiser, je ne pus m'empêcher de lui presser la main. Les longs anneaux roulés de ses cheveux d'or effleuraient mes joues. De ce moment, un trouble inconnu s'empara de moi. La belle devait chanter pour avoir le droit de rentrer dans la danse. On s'assit autour d'elle, et aussi-

tôt, d'une voix fraîche et pénétrante, légère-
ment voilée, comme celle des filles de ce
pays brumeux, elle chanta une de ces anciennes romances pleines de mélancolie et
d'amour, qui racontent toujours les mal-
heurs d'une princesse enfermée dans sa tour
par la volonté d'un père qui la punit d'avoir
aimé. La mélodie se terminait à chaque
stance par ces trilles chevrotants qui font
valoir si bien les voix jeunes, quand elles
imitent par un frisson modulé la voix trem-
blante des aïeules. — A mesure qu'elle
chantait, l'ombre descendait des grands arbres, et le clair de lune naissant tombait sur
elle seule, isolée de notre cercle attentif.
Elle se tut, et personne n'osa rompre le si-
lence. La pelouse était couverte de faibles
vapeurs condensées, qui déroulaient leurs
blancs flocons sur les pointes des herbes.
Nous pensions être en paradis. — Je me le-
vai enfin, courant au parterre du château,
où se trouvaient des lauriers, plantés dans
de grands vases de faïence peints en ca-

maieu. Je rapportai deux branches, qui
furent tressées en couronne et nouées d'un
ruban. Je posai sur la tête d'Adrienne cet
ornement, dont les feuilles lustrées écla-
taient sur ses cheveux blonds aux rayons
pâles de la lune. Elle ressemblait à la Béatrice de Dante qui sourit au poëte errant
sur la lisière des saintes demeures... »

Puis était venu le tour de Sylvie, une
petite fille qui était devenue une bien jolie fille, — la plus belle de Loisy. Tout
en cheminant cette nuit-là pour se rendre
à la *Fête du bouquet provincial,* il se rappelait l'enivrante journée qu'il avait passée
avec elle trois ans auparavant. Cette fois,
comme Adrienne était entrée au couvent,
son cœur, un instant sollicité de ce côté,
avait tourné son aiguille vers son premier
aimant, qui était Sylvie, la première compagne d'enfance. « Ce n'était plus cette petite fille de village que j'avais dédaignée
pour une plus grande et plus faite aux grâces du monde. Tout en elle avait gagné :

le charme de ses yeux noirs, si séduisants
dès son enfance, était devenu irrésistible;
sous l'orbite arquée de ses sourcils, son
sourire, éclairant tout à coup des traits ré-
guliers et placides, avait quelque chose
d'athénien. J'admirais cette physionomie
digne de l'art antique au milieu des minois
chiffonnés de ses compagnes. Ses mains délicatement allongées, ses bras qui avaient
blanchi en s'arrondissant, la faisaient tout
autre que je ne l'avais vue. »

Gérard avait projeté d'aller la surprendre
de grand matin, et, pour cela faire, il était
resté toute la nuit, jusqu'à l'aube, couché
sur les touffes de bruyères roses d'une sente
qui côtoyait la forêt d'Ermenonville. Au
bout de cette sente était le village, — une
vingtaine de chaumières dont les murs étaient
ornés de festons de roses grimpantes et
d'astragales de vigne en fleur. De robustes
paysannes, coiffées de mouchoirs rouges,
travaillaient déjà devant les fermes. Sylvie
n'était point avec elles. Gérard avait été

droit à sa chambre, sans étonner personne,
— le meilleur passe-port étant la pureté des
intentions. Sylvie était levée depuis longtemps ; depuis longtemps déjà elle agitait
les fuseaux de sa dentelle, qui claquaient
avec un doux bruit sur le carreau vert que
soutenaient ses genoux. « Vous voilà, pa-
resseux, dit-elle avec son sourire divin, je
suis sûre que vous sortez seulement de votre
lit ! » Il lui avait alors raconté sa nuit passée sans sommeil sur les bruyères de la
route et ses courses égarées à travers la
forêt. « Si vous n'êtes pas fatigué, je vais
vous faire courir encore. Nous irons voir
ma grand'tante, à Othys... »

Ils partent, elle joyeuse comme une fau-
vette, lui, gagné par la contagion de cette
innocente joie. Ils se mouillent les pieds en
suivant les bords de la Thève, à travers les
prés semés de marguerites et de boutons
d'or, et le long des bois de Saint-Laurent,
à travers les ruisseaux et les halliers. Ils se
mouillent les pieds — et aussi le cœur. Au

sortir du bois, ils rencontrent de grandes
touffes de digitale pourprée, dont Sylvie fait
un énorme bouquet en disant : « C'est pour
ma tante ; elle est si heureuse d'avoir ces
belles fleurs dans sa chambre! » Ils traver-
sent une plaine au bout de laquelle pointe
le clocher d'Othys, sur les coteaux bleuâ-
tres qui vont de Montméliant à Dammartin.
« La tante de Sylvie habitait une petite
chaumière bâtie en pierres de grès iné-
gales que revêtaient des treillages de hou-
blon et de vigne vierge ; elle vivait seule
de quelques carrés de terre que les gens
du village cultivaient pour elle depuis la
mort de son mari. » Sa nièce arrivant, c'é-
tait le feu dans la maison. — « Bonjour, la
tante! Voici vos enfants, dit Sylvie ; nous
avons bien faim ! »

Tout en lui disant cela, elle l'embrasse
sur les deux joues, lui plante dans ses bras
la botte de digitales pourprées, et présente
Gérard, en ajoutant : « C'est mon amoureux ! » Il embrasse à son tour la tante,

qui dit : « Il est bien gentil... C'est donc un blond !... — Il a de jolis cheveux fins, reprend Sylvie. — Cela ne dure pas, fait remarquer la tante ; mais vous avez du temps devant vous, et toi qui es brune, cela t'assortit bien. — Il faut le faire déjeuner, la tante. » — Et voilà la folle bonne fille qui s'en va furetant partout, dans les armoires, dans la huche, « trouvant du lait, du pain bis, du sucre, étalant sans trop de soin sur la table les assiettes et les plats de faïence émaillés de larges fleurs et de coqs au vif plumage. Une jatte en porcelaine de Creil, pleine de lait, où nagent des fraises, devient le centre du service, et, après avoir dépouillé le jardin de quelques poignées de cerises et de groseilles, Sylvie disposa deux vases de fleurs aux deux bouts de la nappe. »

Ce petit tableau, qu'on dirait peint par Miéris, ne vous donne-t-il pas appétit au cœur ? Est-ce que vous ne respirez pas en ce moment les saines émanations de poésie et de jeunesse qui s'en échappent ? Est-ce

que vous ne donneriez pas beaucoup de
mois et d'années pour entendre sonner seulement cette heure de calme félicité et de
rustique bonheur?

Mais la tante parle; écoutons-la : « Pour
cela, ce n'est que du dessert, il faut me
laisser faire à présent. » Elle a décroché la
poêle et jeté un fagot dans la haute che-
minée : « Je ne veux pas que tu touches à
cela ! dit-elle à Sylvie, qui veut l'aider ;
abîmer tes jolis doigts qui font de la dentelle plus belle qu'à Chantilly ! Tu m'en as
donné et je m'y connais. — Ah! oui, la
tante !... Dites donc, si vous en avez des
morceaux de l'ancienne, cela me fera des
modèles. — Eh bien! va voir là-haut, dit
la tante, il y en a peut-être dans la commode. — Donnez-moi les clefs. — Bah! les
tiroirs sont ouverts. — Ce n'est pas vrai; il
y en a un qui est toujours fermé. » Et, pro-
fitant de ce que la bonne femme a les mains
embarrassées par la poêle qu'elle est en
train de passer au feu, Sylvie lui enlève des

pendants de sa ceinture une petite clef d'a-
cier ouvragé, — la clef du tiroir mystérieux,
— et monte rapidement l'escalier de bois
qui conduit à la chambre, où Gérard la
suit.

« O jeunesse, ô vieillesse saintes! qui donc
eût songé à ternir la pureté d'un premier
amour dans ce sanctuaire des souvenirs fidèles? Le portrait d'un jeune homme du
bon vieux temps souriait avec ses yeux noirs
et sa bouche rose, dans un ovale au cadre
doré, suspendu à la tête du lit rustique.
il portait le costume des gardes-chasse de
la maison de Condé ; son attitude à demi
martiale, sa figure rose et bienveillante, son
front pur sous ses cheveux poudrés, rele-
vaient ce pastel, médiocre peut-être, des
grâces de la jeunesse et de la simplicité.
Quelque artiste modeste, invité aux chasses
princières, s'était appliqué à le pourtraire
de son mieux, ainsi que sa jeune épouse,
qu'on voyait dans un autre médaillon, at-
trayante, maligne, élancée dans son corsage

ouvert, à échelle de rubans, agaçant de sa mine retroussée un oiseau posé sur son doigt. C'était pourtant la même bonne vieille qui cuisinait en ce moment, courbée sur le feu de l'âtre. Cela me fit penser aux fées des Funambules qui cachent sous leur masque ridé un visage attrayant, qu'elles révèlent au dénoûment, lorsqu'apparaît le temple de l'amour et son soleil tournant qui rayonne de feux magiques. — « O bonne tante, s'écrie Gérard, que vous étiez jolie! — Et moi donc! » s'écrie Sylvie, qui est parvenue à ouvrir le mystérieux tiroir dont la tante gardait à son côté la clef d'acier ouvragé. Dans ce tiroir, elle a trouvé une grande robe de taffetas flambé, qui crie du froissement de ses plis. — « Je veux essayer si cela m'ira, dit-elle. Ah! je vais avoir l'air d'une vieille fée! — La fée des légendes, éternellement jeune! » murmure Gérard.

Tout en protestant contre le ridicule des ajustements de l'ancien régime, Sylvie dé-

grafe sa robe d'indienne et la laisse tomber
à ses pieds. La robe de taffetas flambé de
la vieille tante s'ajuste parfaitement, sur sa
taille mince ; elle prie Gérard de l'agrafer.
— « Oh! les manches plates! » s'écrie-t-
elle, comme honteuse de revêtir un costume
si *rococo*. « Et cependant les jabots garnis
de dentelles découvraient admirablement
ses bras nus, sa gorge s'encadrait dans le
pur corsage aux tulles jaunis, aux rubans
passés, qui n'avait serré que bien peu les
charmes évanouis de la tante. — « Mais
finissez-en, vous ne savez donc pas agrafer
une robe ? disait Sylvie. Elle avait l'air de
l'*Accordée du village de Greuze*. — Il faudrait de la poudre. — Nous allons en
trouver. » Sylvie, qui ne doute de rien,
depuis qu'elle voit combien lui va ce costume
de l'ancien temps, furète de nouveau dans
les tiroirs, qu'elle bouleverse de fond en
comble. Il y a de tout, excepté ce qu'elle
cherche : deux évantails de nacre un peu
cassés, des boîtes de pâtes à sujets chinois,

un collier d'ambre et mille fanfreluches, parmi lesquelles deux petits souliers de droguet blanc avec des bouclès incrustées de diamants d'Irlande.. — Oh! je veux les mettre, dit Sylvie, si je trouve les bas brodés! »

Les bas de soie rose tendre à coins verts sont trouvés. Au même moment, la voix de la tante, à laquelle se mêlent les crépitements de la poêle, se fait entendre, et fait sortir nos deux enfants de leur rêve xviiie siècle. — « Descendez vite! » dit Sylvie. Quoi que Gérard puisse dire, elle ne lui permet pas de l'aider à se chausser. — « Habillez-vous vite! » reprend-elle, en montrant à Gérard les habits de noces du garde-chasse étalés sur la commode. Et, en un instant, Gérard se transforme en marié de l'autre siècle. Sylvie l'attend sur l'escalier : ils descendent tous deux en se tenant par la main. « La tante poussa un cri en se retournant. — O mes enfants! dit-elle, et elle se mit à pleurer, puis sourit à travers ses

larmes. C'était l'image de sa jeunesse, —
cruelle et charmante apparition ! Nous nous
assîmes auprès d'elle, attendris et presque
graves, puis la gaieté nous revint bientôt,
car, le premier moment passé, la bonne
vieille ne songea plus qu'à se rappeler les
fêtes pompeuses de sa noce. Elle retrouva
même dans sa mémoire les chants alternés,
d'usage alors, qui se répondaient d'un bout
à l'autre de la table nuptiale, et le naïf
épithalame qui accompagnait les mariés
rentrant après la danse. Nous répétions ces
strophes si simplement rhythmées, avec les
hiatus et les assonances du temps, amoureuses et fleuries comme le cantique de
l'Ecclésiaste : nous étions l'époux et l'épouse
pour tout un beau matin d'été. »

V

N'est-ce pas une douce et ravissante
histoire, moite des chastes senteurs des
premières amours, que celle de ces deux
adoléscents mariés « pour un beau matin
d'été? » Et le cœur ne saute-t-il et ne
tressaute-t-il pas à la lecture de ces *Confidences* pénétrées de tendresse et parfumées
d'honnèteté?

Ce devait être l'œuvre bien-aimée de Gérard de Nerval, ce chef-d'œuvre de style,
de grâce, de poésie et de sentiment, qu'il a

intitulé *Sylvie.* On le voit marcher, en souriant doucement, dans ce rêve étoilé de sa jeunesse, dans ces sentiers fleuris de ses souvenirs; on le suit, entraîné par le charme, à travers les méandres capricieux de son esprit et les enjambées insensées de son cœur. Il semble que vous ayez couru, à sa place, le long de la Thève, et cueilli, pour la tante, les touffes de digitale pourprée ; ce n'est plus lui, c'est vous qui avez senti contre votre poitrine l'impression tiède du bras de Sylvie; c'est avec vous qu'elle est montée dans la chambre, c'est devant vous qu'elle a fait tomber son humble robe d'indienne pour revêtir la coquette robe de taffetas flambé; c'est avec vous, habillé en garde-chasse de la maison de Condé, qu'elle a descendu l'escalier de bois et s'est présentée inopinément devant la pauvre bonne vieille femme dont vous avez noté l'accent quand elle a murmuré à travers ses larmes et son sourire : « O mes enfants ! »

Et maintenant, faut-il tourner le dernier

feuillet de cette histoire amoureuse, raconter le dénoûment de cette fraîche idylle
dont la musique est si délicate et si suave?
Quand l'amoureux d'autrefois, à qui on
avait promis tant de choses, revient pour
prendre la place qu'il avait retenue dans le
cœur de l'amoureuse, qui a oublié tant de
choses, cette place est prise,—on ne le re-
connaît presque plus. Il est vrai qu'il est
bien vieilli, bien changé depuis deux ans;
mais Sylvie, qui est restée jeune, fraîche et
jolie, est encore plus changée que lui...

Quoiqu'il fût parti en poste, Gérard ar-
rivait trop tard : la paysanne allait le ren-
voyer à la comédienne.

Nous l'avons laissé dans son lit solitaire,
—non pas le lit sculpté dans lequel avait
couché Marguerite de Valois et qu'il desti-
nait à une autre princesse, la Reine de
Saba,—mais sur un lit quelconque, improvisé en quelque coin du vieux salon du
Doyenné. Il avait voulu fuir le présent en
se réfugiant dans le passé, et avait quitté

Paris, à une heure du matin, pour se rendre à Loisy, où il était arrivé « à cette heure mélancolique et douce encore où les lumières pâlissent et tremblent aux approches du jour. Les tilleuls, assombris par en bas, prenaient à leurs cimes une teinte bleuâtre. La flûte champêtre ne luttait plus si vivement avec les trilles du rossignol. Tout le monde était pâle, et dans les groupes dégarnis il eut peine à rencontrer des figures connues. » Enfin il aperçut une amie de Sylvie, « la grande Lise. » Elle l'embrassa. « —Il y a longtemps qu'on ne t'a vu, Parisien! dit-elle. —Oh! oui, longtemps. —Et tu arrives à cette heure-ci ? —Par la poste. —Et pas trop vite! — Je voulais voir Sylvie : est-elle encore au bal ? —Elle ne sort qu'au matin; elle aime tant à danser... »

La grande Lise conduisit Gérard vers Sylvie, qui n'était pas seule. « Un jeune homme se tenait près d'elle. Elle lui fit signe qu'elle renonçait à la contredanse suivante. Il se retira en saluant. »

Mais je laisse parler Gérard, qui a rendu la besogne si agréable à ses biographes en prenant la peine de se raconter lui-même tout en racontant pour les autres :

« Le jour commençait à se faire. Nous sortîmes du bal, nous tenant par la main. Les fleurs de la chevelure de Sylvie se penchaient dans ses cheveux dénoués; le bouquet de son corsage s'effeuillait aussi sur les dentelles fripées, savant ouvrage de sa main. Je lui offris de l'accompagner chez elle. Il faisait grand jour, mais le temps était sombre. La Thève bruissait à notre gauche, laissant à ses coudes des remous d'eau stagnante où s'épanouissaient les nénuphars jaunes et blancs, où éclatait comme des pâquerettes la frêle broderie des étoiles d'eau. Les plaines étaient couvertes de javelles et de meules de foin, dont l'odeur me portait à la tête sans m'enivrer, comme faisait autrefois la fraîche senteur des bois et des halliers d'épines fleuries.

« Nous n'eûmes pas l'idée de les traverser

de nouveau. —Sylvie, lui dis-je, vous ne m'aimez plus! —Elle soupira. —Mon ami, me dit-elle, il faut se faire une raison; les choses ne vont pas comme nous voulons dans la vie. Vous m'avez parlé autrefois de la *Nouvelle Héloïse*, je l'ai lue, et j'ai frémi en tombant d'abord sur cette phrase: « Toute « jeune fille qui lira ce livre est perdue. » Cependant j'ai passé outre, me fiant sur ma raison. Vous souvenez-vous du jour où nous avons revêtu les habits de noces de la tante?... Les gravures du livre présentaient aussi les amoureux sous de vieux costumes du temps passé, de sorte que pour moi vous étiez Saint-Preux, et je me retrouvais dans Julie. Ah! que n'êtes-vous revenu alors! Mais vous étiez, disait-on, en Italie. Vous en avez vu là de bien plus jolies que moi! —Aucune, Sylvie, qui ait votre regard et les traits purs de votre visage. Vous êtes une nymphe antique qui vous ignorez. D'ailleurs les bois de cette contrée sont aussi beaux que ceux de la campagne romaine. Il

y a là des masses de granit non moins sublimes, et une cascade qui tombe du haut
des rochers comme celle de Terni. Je n'ai
rien vu là-bas que je puisse regretter ici.
—Et à Paris? dit-elle. —A Paris...

« Je secouai la tête sans répondre. Tout
à coup je pensai à l'image vaine qui m'avait
égaré si longtemps. —Sylvie, dis-je, arrê-
tons-nous ici, le voulez-vous?

« Je me jetai à ses pieds; je confessai en
pleurant à chaudes larmes mes irrésolutions,
mes caprices; j'évoquai le spectre funeste
qui traversait ma vie. —Sauvez-moi! ajou-
tai-je, je reviens à vous pour toujours.

« Elle tourna vers moi ses regards attendris... En ce moment, notre entretien fut
interrompu par de violents éclats de rire.
C'était le frère de Sylvie qui nous rejoignait
avec cette bonne gaieté rustique, suite obli-
gée d'une nuit de fête, que des rafraîchis-
sements nombreux avaient développée outre
mesure. Il appelait le galant du bal, perdu
au loin dans les buissons d'épines et qui ne

tarda pas à nous rejoindre. Ce garçon n'é-
tait guère plus solide sur ses pieds que son
compagnon; il paraissait plus embarrassé
encore de la présence d'un Parisien que de
celle de Sylvie Sa figure candide, sa déférence
mêlée d'embarras, m'empêchaient de lui en
vouloir d'avoir été le danseur pour lequel
on était resté si tard à la fête. Je le jugeais
peu dangereux. —Il faut rentrer à la maison, dit Sylvie à son frère. A tantôt! me
dit-elle en me tendant la joue.

« L'amoureux ne s'offensa pas. »

Je le crois bien! C'eût été au contraire à
Gérard de s'offenser, lui qui se rappelait le
temps où Sylvie ne dansait jamais qu'avec
lui, une fois par an, à la fête de l'arc,—le
temps où, tout en allant boire du lait avec
lui à la ferme suisse d'Ermenonville, pieds
nus, peau hâlée, mais ravissante ainsi
dans sa grâce sauvage, elle lui disait co-
quettement : « Qu'elle est jolie, ton amoureuse, petit Parisien! » Jolie, oui,—mais
plus oublieuse encore.

Gérard, qui n'avait pas envie de dormir,
— car il y avait un pli au lit de roses de ses
souvenirs,—s'en alla à Montagny revoir la
maison de son oncle, mort, et où tout était
mort comme lui, excepté le perroquet fa-
milier qui lui demanda à déjeuner comme
en ses plus beaux jours, et le regarda « de
cet œil rond, bordé d'une peau chargée de
rides, qui fait penser au regard expérimenté
des vieillards. »

De la maison de son oncle, d'où le chas-
sait ce perroquet gourmand et bavard, Gérard s'en alla à Ermenonville, pour dis-
traire son cœur autant que son esprit, tous
deux attristés. Il visita de nouveau le *Désert,* puis le *Temple de la philosophie,* puis
le troëne de Virgile, puis les peupliers de
l'île, et la tombe de Rousseau, veuve de sa
cendre; puis il reprit la route de Loisy.

« Tout le monde était réveillé. Sylvie
avait une toilette de demoiselle, presque
dans le goût de la ville. Elle me fit monter
à sa chambre avec toute l'ingénuité d'autre-

fois. Son œil étincelait toujours dans un
sourire plein de charme, mais l'arc pro-
noncé de ses sourcils lui donnait par ins-
tants un air sérieux. La chambre était dé-
corée avec simplicité; pourtant les meubles
étaient modernes; une glace à bordure dorée avait remplacé l'antique trumeau où se
voyait un berger d'idylle offrant un nid à
une bergère bleue et rose. Le lit à colonnes, chastement drapé de vieille perse à
ramages était remplacé par une couchette de
noyer garnie du rideau à flèche; à la fe-
nêtre, dans la cage où jadis étaient les fau-
vettes, il y avait des canaris. J'étais pressé
de sortir de cette chambre où je ne trouvais
rien du passé. —Vous ne travaillerez point
à votre dentelle aujourd'hui?... dis-je à
Sylvie. —Oh! je ne fais plus de dentelle,
on n'en demande plus dans le pays; même
à Chantilly; la fabrique est fermée. —Que
faites-vous donc? —Elle alla chercher dans
un coin de la chambre un instrument en
fer qui ressemblait à une longue pince.

—Qu'est-ce que c'est que cela? —C'est ce
qu'on appelle la mécanique; c'est pour
maintenir la peau des gants afin de les cou-
dre. —Ah! vous êtes gantière, Sylvie? —
Oui, nous travaillons ici pour Dammartin,
cela donne beaucoup dans ce moment; mais
je ne fais rien aujourd'hui; allons où vous
voudrez. —Je tournai les yeux vers la route
d'Othys : elle secoua la tête; je compris
que la vieille tante n'existait plus. Sylvie
appela un petit garçon et lui fit seller un
âne. —Je suis encore fatiguée d'hier, dit-
elle, mais la promenade me fera du bien :
allons à Châalis. Et nous voilà traversant
la forêt, suivis du petit garçon armé d'une
branche. Bientôt Sylvie voulut s'arrêter, et
je l'embrassai en l'engageant à s'asseoir. La
conversation entre nous ne pouvait plus
être bien intime. Il fallut lui raconter ma
vie à Paris, mes voyages... —Comment
peut-on aller si loin? dit-elle. —Je m'en
étonne en vous revoyant. —Oh! cela se dit!
—Et convenez que vous étiez moins jolie

autrefois. —Je n'en sais rien. —Vous souvenez-vous du temps où nous étions enfants
et vous la plus grande? —Et vous le plus
sage! —Oh! Sylvie! —On nous mettait sur
l'âne chacun dans un panier. —Et nous ne
nous disions pas vous... Te rappelles-tu que
tu m'apprenais à pêcher des écrevisses sous
les ponts de la Thève et de la Nonette? —Et
toi, te souviens-tu de ton frère de lait qui
t'à un jour retiré de l'ieau?— *Le grand
frisé!* C'est lui qui m'avait dit qu'on pouvait la passer... l'*ieau!* »

Hélas! ce tutoiement délicieux, qui semble un baiser, n'avait plus pour eux la même
saveur qu'autrefois; leurs lèvres l'avaient
désappris,—leurs lèvres et leurs cœurs. Ils
se sentaient gênés mutuellement, —elle,
parce qu'elle avait remplacé son *petit Parisien* par un grand campagnard, comme
elle avait remplacé son rustique lit à colonnes par une prétentieuse couchette de
Parisienne,—lui, parce qu'il devinait au
fur et à mesure chacun des changements

apportés en deux ans au mobilier de l'âme de Sylvie. Cependant, à un moment où elle venait de s'attendrir plus franchement en chantant, sans *phraser* cette fois, une chanson du temps jadis,

A Dammartin l'y a trois belles filles...

Gérard allait tomber à ses pieds et lui offrir — non pas son cœur, elle l'avait toujours — sa main et la maison de son oncle, où ils auraient coulé leurs jours en paix, liés jusqu'à la fin de leur vie mortelle par le fil d'or de l'amour : il se retint. Ah! pourquoi ne parla-t-il pas à ce moment! il était encore temps de ressaisir ce bonheur calme après lequel il courait et qu'il sentait lui échapper ; plus tard il allait être trop tard.

Il se retint, et accompagna Sylvie à Loisy où on les attendait pour souper.

« La soupe à l'oignon répandait au loin son parfum patriarcal. Il y avait des voisins invités pour ce lendemain de fête. Je

reconnus tout de suite un vieux bûcheron,
le père Dodu, qui racontait jadis aux veil-
lées des histoires si comiques ou si terribles.
Tour à tour berger, messager, garde-chasse,
pêcheur, braconnier même, le père Dodu
fabriquait à ses moments perdus des coucous
et des tourne-broches. Pendant longtemps,
il s'était consacré à promener les Anglais
dans Ermenonville, en les conduisant aux
lieux de méditation de Rousseau et en leur
racontant ses derniers moments. C'était lui
qui avait été le petit garçon que le philosophe employait à classer ses herbes, et à
qui il donna l'ordre de cueillir les ciguës
dont il exprima le suc dans sa tasse de café
au lait. L'aubergiste de *la Croix d'Or* lui
contestait ce détail ; de là des haines prolon-
gées. On avait longtemps reproché au père
Dodu la possession de quelques secrets bien
innocents, comme de guérir les vaches avec
un verset dit à rebours et le signe de croix
figuré du pied gauche ; mais il avait de bonne
heure renoncé à ces superstitions, — grâce

au souvenir, disait-il, des conversations de
Jean-Jacques.

« — Te voilà! petit Parisien, me dit le
père Dodu. Tu viens pour débaucher nos
filles? — Moi, père Dodu? — Tu les em-
mènes dans les bois pendant que le loup n'y
est pas? — Père Dodu, c'est vous qui êtes
le loup. — Je l'ai été tant que j'ai trouvé
des brebis; à présent je ne rencontre plus
que des chèvres, et qu'elles savent bien se
défendre! Mais vous autres, vous êtes des
malins à Paris. Jean-Jacques avait bien
raison de dire : « L'homme se corrompt
dans l'air empoisonné des villes. » — Père
Dodu, vous savez trop bien que l'homme se
corrompt partout.

« Le père Dodu se mit à entonner un air
à boire; on voulut en vain l'arrêter à un
certain couplet scabreux que tout le monde
savait par cœur. Sylvie ne voulut pas chanter, malgré nos prières, disant qu'on ne
chantait plus à table. J'avais remarqué déjà
que l'amoureux de la veille était assis à sa

gauche. Il y avait je ne sais quoi dans sa figure ronde, dans ses cheveux ébouriffés, qui
ne m'était pas inconnu. Il se leva et vint
derrière ma chaise en disant : « Tu ne me
reconnais donc pas, Parisien? » Une bonne
femme, qui venait de rentrer au dessert
après nous avoir servis, me dit à l'oreille :
« Vous ne reconnaissez pas votre frère de
lait? » Sans cet avertissement, j'allais être
ridicule. « Ah ! c'est toi, *grand frisé !* dis-
je, c'est toi, le même qui m'as retiré de
l'ieau ! » Sylvie riait aux éclats de cette
reconnaissance. « Sans compter, disait ce
garçon en m'embrassant, que tu avais une
belle montre en argent, et qu'en revenant
tu étais bien plus inquiet de ta montre que
de toi-même, parce qu'elle ne marchait plus ;
tu disais : « La *bête* est *nayée,* ça ne
fait plus tic-tac ; qu'est-ce que mon oncle
va dire?... »

« —Une bête dans une montre! dit le père
Dodu, voilà ce qu'on leur fait croire à Paris,
aux enfants!

« Sylvie avait sommeil, je jugeai que j'é-
tais perdu dans son esprit. Elle remonta à
sa chambre, et, pendant que je l'embrassais,
elle dit : — A demain, venez nous voir !

« Le père Dodu était resté à table avec
Sylvain et mon frère de lait ; nous causâmes
longtemps autour d'un *ratafiat* de Louvres.
— Les hommes sont égaux, dit le père Dodu
entre deux couplets, je bois avec un pâtissier comme je ferais avec un prince. — Où
est le pâtissier ? dis-je.—Regarde à côté de toi
un jeune homme qui a l'ambition de s'établir !

« Mon frère de lait parut embarrassé.
J'avais tout compris. C'est une fatalité qui
m'était réservée d'avoir un frère de lait dans
un pays illustré par Rousseau — qui voulait supprimer les nourrices. Le père Dodu
m'apprit qu'il était fort question du mariage
de Sylvie avec le *grand frisé*, qui voulait
aller former un établissement de pâtisserie
à Dammartin. Je n'en demandai pas plus.
La voiture de Nanteuil-le-Haudouin me
ramena le lendemain à Paris. »

VI

Gérard revint donc à Paris, la ville de son bonheur — et de son martyre. Il avait dit adieu pour toujours à ses rêves d'enfance et de jeunesse. Son premier soin, en revenant dans cette ville maudite et adorée, son Calvaire et son Paradis, avait été de reprendre sa place accoutumée au théâtre où jouait sa Reine de Saba; non pas pour être vu d'elle, mais pour la voir. Cependant, comme cette contemplation l'incendiait au lieu de l'éteindre, il résolut de s'éloigner de nouveau. Le soir même de son retour de Loisy, pendant le quatrième acte, où ELLE ne paraissait pas, il allait acheter un bouquet chez madame Prévost, y insérait une lettre fort tendre signée *un inconnu*, et repartait pour l'Allemagne.

Qu'allait-il y faire ? « Essayer de remettre de l'ordre dans ses sentiments. » Sylvie lui échappait par sa faute; mais il l'avait revue un jour, et cela avait suffi pour relever son âme : il la plaçait désormais « comme une statue souriante dans le temple de la Sagesse. Son regard l'avait arrêté au bord de l'abîme. » Du moins il le croyait.

Des mois se passèrent sans amener de changement dans la santé de son cœur — toujours aussi malade. Il revint à Paris comme il en était parti, et s'assit, résigné, à la place d'où il avait tant de fois contemplé et admiré son idole. Il fit davantage : il consentit à passer « par tous les cercles de ces lieux d'épreuves qu'on appelle théâtres. » *Il mangea du tambour et but de la cymbale,* comme dit la phrase dénuée de sens apparent des initiés d'Éleusis. « Elle signifiait sans doute qu'il faut au besoin passer les bornes du non-sens et de l'absurdité. »

Ce qu'il ne nous dit pas, ce qu'il croit croit devoir nous céler, par un sentiment d'exquise délicatesse que tous ses biographes n'ont pas eu, nous n'avons pas le droit de chercher à le deviner. Ses livres sont là qui nous mettent au courant de l'état de son âme : c'est à nous de comprendre — sans dépasser les limites de l'autorisé.

Ce que nous pouvons affirmer — d'après lui — c'est qu'il souffrit : on retrouve à chaque page la trace de ce tourment incessant.

Gérard l'a dit lui-même à propos de la passion de Restif de la Bretonne pour la belle mademoiselle Guéant, actrice de la Comédie Française : « Rien n'est plus dangereux pour les gens d'un naturel rêveur qu'un

amour sérieux pour une personne de théâtre ; c'est un mensonge perpétuel, c'est le
rêve d'un malade, c'est l'illusion d'un fou.
La vie s'attache tout entière à une chimère
irréalisable qu'on serait heureux de conser-
ver à l'état de désir et d'aspiration, mais
qui s'évanouit dès que l'on veut toucher
l'idole. »

La Reine de Saba ne vivait pas dans un
empyrée tellement inaccessible qu'il ne fût
pas permis à un humble mortel d'y parvenir,
naturellement ou par effraction. Il faut
croire qu'il était parvenu, sinon à se faire
comprendre, du moins à se faire entendre,
puisqu'on lui avait répondu : « Vous êtes
bien fou ; mais revenez me voir... Je n'ai
jamais pu trouver quelqu'un qui sût m'aimer. »

Phrase sincère au moment où elle était
prononcée, mais hypocrite comme toutes
les paroles des femmes jeunes, belles, en
renom, qui se sentent adorées d'un troupeau
d'inconnus, quand elles ne sont pas déjà

idolâtrées d'un escadron volant d'amoureux.
Le récit même de Gérard nous le prouve :

« Deux mois plus tard, je reçus une lettre
pleine d'effusion. Je courus chez elle. Quelqu'un me donna dans l'intervalle un détail
précieux. Le beau jeune homme que j'avais
rencontré une nuit au cercle [1] venait de

---

[1] « Un de mes amis me dit : —Voici longtemps que
je te rencontre dans le même théâtre, et chaque fois que
j'y vais. Pour *laquelle* y viens-tu?

« Pour laquelle? Il ne me semblait pas que l'on pût
aller là pour une *autre*. Cependant j'avouai un nom.
—Eh bien ! dit mon ami avec indulgence, tu vois là-bas
l'homme heureux qui vient de la reconduire et qui, fidèle
aux lois de notre cercle, n'ira peut-être la retrouver
qu'après la nuit.

« Sans trop d'émotion, je tournai les yeux vers le personnage indiqué. C'était un jeune homme correctement
vêtu, d'une figure pâle et nerveuse, ayant des manières
convenables et des yeux empreints de mélancolie et de
douceur. Il jetait de l'or sur une table de whist et le
perdait avec indifférence. —Que m'importe, dis-je, lui
ou tout autre ? Il fallait qu'il y en eût un, et celui-là me
paraît digne d'avoir été choisi. —Et toi? —Moi ? c'est
une image que je poursuis, rien de plus. »

(*Les Filles du feu*, édition Michel Lévy, p. 114.)

prendre un engagement dans les spahis.

« L'été suivant, il y avait des courses à Chantilly. La troupe du théâtre où jouait Aurélie[1] donnait là une représentation. Une fois dans le pays, la troupe était pour trois jours aux ordres du régisseur. — Je m'étais fait l'ami de ce brave homme, ancien Dorante des comédies de Marivaux, longtemps jeune premier de drame, et dont le dernier succès avait été le rôle d'amoureux dans la pièce imitée de Schiller, où mon binocle me l'avait montré si ridé. De près, il paraissait plus jeune, et, resté maigre, il produisait encore de l'effet dans les provinces. Il avait du feu. J'accompagnais la troupe en qualité de *seigneur poëte*; je persuadai au régisseur d'aller donner des représentations à Senlis et à Dammartin. Il penchait d'abord pour Com-

[1] Lisez un autre nom.—celui que Gérard ne prononce jamais. Aurélie, c'est Adrienne, et Adrienne, c'est l'aimable femme dont quelques vieux habitués du théâtre Feydeau ont seuls aujourd'hui conservé le souvenir. (A. D.)

piègne; mais Aurélie fut de mon avis. Le
lendemain, pendant que l'on allait traiter
avec les propriétaires des salles et les auto-
rités, je louai des chevaux, et nous prîmes
la route des étangs de Commelle pour aller
déjeuner au château de la reine Blanche.
Aurélie, en amazone, avec ses cheveux
blonds flottants, traversait la forêt comme
une reine d'autrefois, et les paysans s'arrê-
taient éblouis. — Madame de F... était la
seule qu'ils eussent vue si imposante et si
gracieuse dans ses saluts. — Après le déjeuner, nous descendîmes dans des villages
rappelant ceux de la Suisse, où l'eau de la
Nonnette fait mouvoir des scieries. Ces as-
pects chers à mes souvenirs l'intéressaient
sans l'arrêter. J'avais projeté de conduire
Aurélie au château, près d'Orry, sur la
même place verte où pour la première fois
j'avais vu Adrienne. — Nulle émotion ne
parut en elle. Alors je lui racontai tout;
je lui dis la source de cet amour entrevu
dans les nuits, rêvé plus tard, réalisé en

elle. Elle m'écoutait sérieusement et me
dit : — Vous ne m'aimez pas! Vous atten-
dez que je vous dise : La comédienne est la
même que la religieuse; vous cherchez un
drame, voilà tout, et le dénoûment vous
échappe. Allez, je ne vous crois plus !

« Cette parole fut un éclair. Ces enthousiasmes bizarres que j'avais ressentis si
longtemps, ces rêves, ces pleurs, ces déses-
poirs et ces tendresses, ce n'étaient donc
pas l'amour? Mais où donc est-il ?

« Aurélie joua le soir à Senlis. Je crus
m'apercevoir qu'elle avait un faible pour le
régisseur, — le jeune premier ridé. Cet
homme était d'un caractère excellent et lui
avait rendu des services. Elle me dit un
jour : Celui que j'aime, le voilà [1] !... »

1 *Marguerite*, dite *Jenny* Colon, était née à Bou-
logne-sur-Mer, le 5 novembre 1808, d'une famille de
comédiens obscurs dont elle devait illustrer le nom. En
1822, à quatorze ans, elle avait débuté au théâtre Feydeau dans un opéra comique de Dalayrac, *les Deux petits Savoyards*, et son succès avait été aussi complet

que celui de Léontine Fay plus tard. Le public aime les prodiges. En 1823, elle avait débuté au Vaudeville par un rôle plus *sérieux*, dans une pièce de Paul de Kock, *la Laitière de Montfermeil*, et avait obtenu le même succès. Le public parisien l'avait décidément adoptée. Le 27 octobre 1828, elle avait débuté aux Variétés dans la *Semaine des Amours* de Dumanoir, puis avait couru la province, et, finalement, était revenue à son berceau, l'Opéra-Comique, où elle était rentrée par le rôle de Sarah, dans la pièce de Grisar. Le grand opéra la tentait : elle avait été s'y essayer à Bruxelles, où elle avait joué le rôle de Marguerite des *Huguenots*, le 6 juin 1841. C'était la dernière fois qu'elle devait paraître sur un théâtre. Épuisée, malade, elle s'en venait mourir à Paris, un an après, le 5 juin 1842. En 1824, au printemps de sa vie et de ses succès, elle avait épousé Lafont, acteur du Vaudeville, devant le forgeron de Gretna-Green,—un jardinier plutôt qu'un forgeron, puisque ses chaînes sont des chaînes de fleurs que le temps flétrit et que brise la loi. Plus tard, mieux avisée, elle avait eu « un faible » pour un artiste de son théâtre et avait consenti à devenir sa femme. Mais, contraste singulier et bien fait pour réjouir le moraliste et le philosophe, c'était précisément le mariage qui devait être le plus caché qui avait été le plus su, et celui qui devait être le plus su qui avait été le plus caché... (A. D.)

VII.

On n'est pas impunément hanté par les
visions de la nature de celles qui emplis-
saient l'esprit de Gérard de Nerval. Ce n'est
pas impunément qu'on donne chaque jour son
cœur à dévorer au vautour des passions dédaignées, ou méconnues, ou mal récompen-
sées. Ce n'est pas impunément qu'on joue
avec le feu de l'amour — qui vous consume
lentement et ne laisse en vous que des
ruines. Ce n'était pas impunément que Gérard s'en allait chaque soir *manger du tam-*

bour et boire de la cymbale. Il avait beau
dire : « Je me sens vivre en elle; et elle vit
pour moi seul. Son sourire me remplit
d'une béatitude infinie ; la vibration de sa
voix si douce et cependant fortement timbrée
me fait tressaillir de joie et d'amour. Elle a
pour moi toutes les perfections, elle répond
à tous mes enthousiasmes, à tous mes caprices, belle comme le jour aux feux de la
rampe qui l'éclaire d'en bas; pâle comme la
nuit, quand la rampe baissée la laisse éclai-
rée d'en haut sous les rayons du lustre et la
montre plus naturelle, brillant dans l'ombre
de sa seule beauté, comme les Heures divines qui se découpent, avec une étoile au
front, sur les fonds bruns des fresques
d'Herculanum... » Il avait beau dire et
beau faire : l'image du jeune homme « correctement vêtu, à la figure pâle et nerveuse, » qu'il avait entrevu un soir, venait
obstinément flotter, comme une ombre im-
portune, devant l'image radieuse de la bien-
aimée. Ce fruit d'or, digne du jardin des

Hespérides, et que le dragon avait mal gardé, avait une tare invisible pour tout le monde — excepté pour les yeux délicats de Gérard.

Une nuit de l'hiver de 1841, il avait donné des signes si manifestes de démence, qu'on avait dû le conduire à Montmartre dans la maison de santé du docteur Blanche, d'où, au bout de quelque temps, il était sorti — sans être guéri. Ses amis, qui le croyaient mort pour eux et pour les lettres, avaient déjà fait « l'épitaphe de son esprit, » — Alexandre Dumas entre autres. « C'est, écrivait ce dernier en croyant que jamais Gérard ne lirait cet éloge singulier, c'est un esprit charmant et distingué, chez lequel de temps en temps un certain phénomène se produit qui, par bonheur, nous l'espérons, n'est sérieusement inquiétant ni pour lui, ni pour ses amis; de temps en temps, lorsqu'un travail quelconque l'a fort préoccupé, l'imagination, cette folle du logis, en chasse momentanément la raison, qui n'en

est que la maîtresse ; alors, la première reste
seule toute-puissante, dans ce cerveau nourri
de rêves et d'hallucinations, ni plus ni moins
qu'un fumeur d'opium du Caire, ou qu'un
mangeur de hatchisch d'Alger, et alors, la
vagabonde qu'elle est le jette dans les
théories impossibles, dans les livres infaisables. Tantôt il est le roi d'Orient Salomon,
il a retrouvé le sceau qui évoque les esprits,
il attend la Reine de Saba ; et alors, croyez-
le bien, il n'est conte de fée, ou des *Mille et
Une Nuits*, qui vaille ce qu'il raconte à ses
amis, qui ne savent s'ils doivent le plaindre
ou l'envier, de l'agilité et de la puissance
de ces esprits, de la beauté et de la richesse
de cette reine ; tantôt il est sultan de Cri-
mée, comte d'Abyssinie, duc d'Égypte, ba-
ron de Smyrne. Un autre jour, il se croit
fou, et il raconte comment il l'est devenu, et
avec un si grand entrain, en passant par des
péripéties si amusantes, que chacun désire
le devenir pour suivre ce guide entraînant
dans le pays des chimères et des halluci-

F

nations, plein d'oasis plus fraîches et plus
ombreuses que celles qui s'élèvent sur la
route brûlée d'Alexandrie à Ammon ; tantôt
enfin, c'est la mélancolie qui devient sa
muse, et alors retenez vos larmes si vous
pouvez, car jamais Werther, jamais René,
jamais Antony [1], n'ont eu plaintes plus
poignantes, sanglots plus douloureux, paroles plus tendres, cris plus poétiques... »

Gérard ne s'était pas fâché de cet éloge ;
il y avait répondu fort spirituellement dans
sa dédicace des *Filles du Feu* où, sous le
pseudonyme de *Brisacier,* il raconte de
nouveau, et sous une forme nouvelle, son
amour toujours vivant pour sa chère Reine
de Saba. L'allusion y est d'une transparence
éloquente et émouvante pour quiconque
connaît un peu le dessous des cartes de cet
amour de théâtre.

Quelques passages au hasard. *L'illustre*

1 Je me disais aussi : Quoi ! voilà au moins vingt
lignes écrites par Dumas, et il n'a pas encore trouvé
moyen de parler de lui—ou de ses œuvres ! (A. D.)

Brisacier, c'est-à-dire Gérard, qui feint
d'être un comédien de la troupe nomade
immortalisée par Scarron, et qui est amoureux de la belle *l'Étoile*, sa camarade, Brisacier s'écrie : « Ne m'as-tu pas aimé un
instant, froide Étoile ! à force de me voir
souffrir, combattre ou pleurer avec toi !...
On se disait chaque soir : Quelle est donc
cette comédienne si au-dessus de tout ce que
nous avons applaudi ? Ne nous trompe-t-on
pas ? Est-elle bien aussi jeune, aussi fraîche,
aussi honnête qu'elle le paraît ? Sont-ce de
vraies perles et de fines opales qui ruissel-
lent parmi ses blonds cheveux cendrés, et
ce voile de dentelle appartient-il bien légi-
timement à cette malheureuse enfant ? N'at-
t-elle pas honte de ces satins brochés, de
ces velours à gros plis, de ces peluches et
de ces hermines ? Tout cela est d'un goût
suranné qui accuse des fantaisies au-dessus
de son âge. Ainsi parlaient les mères, en
admirant toutefois un choix constant d'a-
tours et d'ornements d'un autre siècle qui

leur rappelaient de beaux souvenirs. Les
jeunes femmes enviaient, critiquaient ou ad-
miraient tristement; mais moi, j'avais besoin de la voir à toute heure pour ne pas me
sentir ébloui près d'elle, et pour pouvoir
fixer mes yeux sur les siens autant que le
voulaient nos rôles...

« Un sifflet, un sifflet indigne, *sous ses
yeux*, près d'elle, à cause d'elle ! Un sifflet
qu'elle s'attribue, — par ma faute (comprenez bien !) — et vous demanderez ce qu'on
fait quand on tient la foudre !... Oh ! tenez,
mes amis ! j'ai eu un moment l'idée d'être
vrai, d'être grand, de me faire immortel enfin, sur votre théâtre de planches et de
toiles, et dans votre comédie d'oripeaux !...
J'ai eu un moment l'idée, l'idée sublime, l'idée
auguste enfin de brûler le théâtre et le public, et vous tous ! et de l'emporter seule à
travers les flammes, échevelée, à demi-nue,
selon son rôle, ou du moins selon le récit
classique de Burrhus. Et soyez sûrs alors
que rien n'aurait pu me la ravir, depuis cet

instant jusqu'à l'échafaud ! et de là dans l'éternité !

« O remords de mes nuits fiévreuses et de mes jours mouillés de larmes ! Quoi ! j'ai pu le faire et ne l'ai pas voulu ?... Je n'avais qu'à détacher un quinquet pour incendier les toiles, et cela sans danger d'être surpris, car j'étais seul à écouter le fade dialogue de Britannicus et de Junie pour reparaître ensuite et faire tableau... Mes amis ! comprenez bien qu'il ne s'agissait pas pour moi d'une froide traduction de paroles compassées, mais d'une scène où tout vivait, où trois cœurs luttaient à chances égales, où, comme aux jeux du Cirque, c'était peut-être du vrai sang qui allait couler ! Et le public le savait bien, lui, si bien au courant de toutes nos affaires de coulisses ; ces femmes dont plusieurs m'auraient aimé si j'avais voulu trahir mon seul amour ; ces hommes tous jaloux de moi à cause d'elle ; et l'autre, le Britannicus bien choisi, le pauvre soupirant confus, qui tremblait devant moi et devant elle, mais qui devait me vaincre à ce jeu terrible où le dernier venu a tout l'avantage et toute la gloire. . . Ah ! le débutant d'amour savait son métier. . . Mais il n'avait rien à craindre, car je suis trop juste pour faire un crime à quelqu'un d'aimer comme moi, et c'est en quoi je m'éloigne du monstre idéal rêvé par le poëte Racine : je ferais brûler Rome sans hésiter, mais en sauvant Junie je sauverais aussi mon frère Britannicus.

« Oui, mon frère, oui, pauvre enfant comme moi de l'art et de la fantaisie, tu l'as conquise, tu l'as méritée en me la disputant seulement. Le ciel me garde d'abuser de mon âge, de ma force et de cette humeur altière que la santé m'a rendue, pour attaquer son choix ou son caprice à elle, la toute-puissante, l'équitable, la divinité de mes rêves comme de ma vie !... Seulement, j'avais craint longtemps que mon malheur ne te profitât en rien, et que les beaux galants de la ville ne nous enlevassent à tous ce qui n'est perdu que pour moi... »

Assurément, c'était encore là de la folie, mais si poétique et si douce, et qui nous a valu de si belles pages, que nous aurions mauvaise grâce à nous en plaindre. Le mot de madame Victorine de Châtenay à propos de Joubert[1] était surtout applicable à Gérard de Nerval, qui avait vraiment l'air d'une âme qui a rencontré par hasard un corps et qui s'en tire comme elle peut. Elle vivait en lui sans s'occuper de lui et s'en absentait même parfois sans sa permission. Gérard n'était pas fou dans le sens grossier du mot: c'était un rêveur qui aimait ses rêves et les rêves des autres.

Ce qui prouve que les hallucinations des autres l'intéressaient, comme une maladie qui lui eût été commune avec un certain nombre d'esprits bizarres et dont il semblait

1. Je cite souvent ce nom involontairement. Je m'explique pourquoi : Joseph Joubert, moraliste comme Vauvenargues, mais plus profond que lui, est de la même famille intellectuelle que Gérard, dont il est l'aîné.(A. D.)

avoir plaisir à étudier les caractères chez
ceux qui l'avaient précédé, c'est son livre
des *Illuminés*, série d'études fort curieuses
et fort bien faites, sur Cazotte, Quintus Aucler, l'abbé de Bucquoy, Raoul Spifame,
Restif de la Bretonne, Cagliostro,—des excentriques plutôt que des illuminés ; travail
de physiologie morale qui vaut bien —Gérard a raison de le dire— un travail de na-
turaliste, de paléographe ou d'archéologue.

Le chapitre consacré à *M. Nicolas*, à cet
écrivain bizarre qu'on a appelé « le Jean-
Jacques du ruisseau, » est un des meilleurs
et des plus attachants. Charles Monselet,
que cette physionomie a aussi tenté, n'a pas
trouvé pour la rendre, malgré son bonheur
ordinaire de talent, la grâce d'expression et
en même temps la vigueur de touche em-
ployées par Gérard de Nerval en cette occasion. On devine que quelque chose, dans
la vie de Restif, attirait et *attrayait* parti-
culièrement l'auteur des *Filles du Feu*, et
que ce quelque chose était une conformité

d'aventures de jeunesse : Gérard de Nerval
avait aimé une comédienne, Adrienne ou
Marguerite, Aurélie ou Jenny, le nom importe peu ; Restif de la Bretonne avait aimé
la belle mademoiselle Guéant, actrice de la
Comédie-Française, et chez tous deux cet
amour avait laissé des traces profondes,
ineffaçables. On se plaît à peindre les héros
qui ont été heureux des mêmes joies que
vous, et surtout qui ont souffert des mêmes
douleurs ; on trouve des couleurs plus vives,
plus lumineuses, des accents plus vrais, plus
éloquents : il semble que l'on se peigne soi-
même. C'est là le secret de la supériorité
de l'étude de Gérard sur celle de Monselet.

L'*Histoire de l'abbé du Bucquoy*, qui
porte pour sous-titre *les Faux Sauniers*,
est un roman fantastique, et cependant plein
de réalité,—un fragment inconnu de l'histoire du siècle de Louis XIV, un détail iné-
dit de la révolte des Camisards, un rayon
de lumière jeté sur la fameuse ligue des
faux-sauniers de Lorraine, dont Mandrin

devait se servir plus tard pour lever une petite armée capable de prendre d'assaut des villes comme Dijon. C'est un roman à cause des épisodes romanesques qui y foisonnent, mais c'est avant tout une étude historique fort intéressante, à propos de laquelle Gérard trouve moyen de tirer deux moutures du même sac, en la reprenant en sous-œuvre sous le titre d'*Angélique*.

Le Roi de Bicêtre est la biographie mélancolique de Raoul Spifame, un pauvre diable du xvie siècle, qui s'imaginait être le roi Henri II en personne, parce qu'il lui ressemblait extraordinairement, et à qui on avait donné pour compagnon un autre fou, Claude Vignet, qui se croyait, lui, le roi des poëtes.

Quintus Aucler est une biographie aussi, celle d'un hiérophante, d'un théosophe, de tout ce que vous voudrez enfin de mystique, —ou plutôt de mystagogique—qui écrivit un de ces livres *infaisables* dont parlait Alexandre Dumas tout à l'heure, *la Thréicie*, « un

appendice curieux du *Misopogon* de l'empe-
reur Julien. » Quintus Aucler mourut en 1814,
à Bourges, repentant de ses erreurs reli-
gieuses et philosophiques, « abjurant ces
dieux qui, sans doute, ne lui avaient pas apporté au lit de mort les consolations atten-
dues. Le Nazaréen triompha encore de ses
ennemis ressuscités après treize siècles. »

Gérard de Nerval raconte ces existences
diverses, mais toutes étranges, mystérieu-
ses et fatales, avec une douce raillerie et
une gaieté mouillée de larmes qui vous re-
mue l'esprit et vous touche le cœur. Nul
mieux que lui ne pouvait les raconter.

Quoi qu'il en dise dans son avant-propos,
ce n'est pas seulement « le côté amusant »
de l'histoire de ces Excentriques qu'il a
voulu développer; ce n'est pas seulement
de la libre fantaisie qu'il a faite là. Il ne s'est
pas contenté d'être humoristique et saisis-
sant à la manière d'Hoffmann : il a voulu
encore être profond à la manière d'un pen-
seur—qu'il était. Il n'a pas voulu seulement

raconter des histoires énigmatiques, esquisser les biographies lamentables de pauvres fous de génie, décrire les sombres existences du coin des rues; il a voulu encore, —en entrant et en faisant entrer avec lui son lecteur dans ces cerveaux écornés, fendillés, entr'ouverts, où tombe la pluie, où règne la nuit, où l'intelligence se débat haletante, désespérée, sous des toiles d'araignées immondes,—il a voulu encore voir et faire voir aux autres, aux sains, aux sages, aux bien portants, le pourquoi de ces perturbations et de ces démences. Il a été médecin, ce malade; il a été lucide, ce cerveau brouillé!

Ces recherches ont une face lugubre si elles ont une face *amusante*, un côté vertigineux si elles ont un côté attrayant. Et, précisément, la séduction vient du vertige, comme le vertige de la séduction. Malgré soi, à son insu, ou quelque roidissement qu'on y oppose, on se sent entraîné dans les profondeurs de ces abîmes, dans les im-

mensités ténébreuses de ces cerveaux frap-
pés de réprobation par le monde et de
sarcasme par les imbéciles heureux. Les
évolutions frénétiques de la pensée, cette
comète morale, à travers les espaces bleus,
rouges ou noirs de la cervelle, vous tien-
nent anhélants, inquiets et enfiévrés de
curiosité. Vous devinez bien qu'il y a là-
dedans — entre ces murailles de chair et
d'os qui s'élargissent incommensurablement
sous la pression formidable de la folie —
une genèse inconnue, différente de la genèse vulgaire, pleine de mystères, encombrée
de choses. Vous devinez bien que ces cer-
velles dédaignées, bafouées, hors la loi
sociale, renferment des mondes qui dansent
une ronde continuelle autour d'un soleil
intérieur qui les réchauffe et les éclaire, et
que leur immensité — comme celle dont
parle saint Paul — est peuplée d'une création
vivante...

On ne touche pas impunément à ces
mystères; on ne soulève pas impunément

ces voiles épais qui recouvrent l'Isis symbolique de la pensée ; on ne fait pas impunément une halte — même d'un instant —
sous les mancenilliers de ce pays étrange et
maudit ; car ces arbres secouent sur vous
leur torpeur et leur poison ; car le spectacle
de ces excentricités sublimes, de ces insa-
nités héroïques, ou de ces extravagances
niaises, trouble votre raison et fait chavirer
cette pauvre petite galiote, si imprudem-
ment aventurée sur le grand Océan. La
folie est contagieuse comme la bonté,
comme le dévouement, comme toutes les
nobles infirmités du cœur, comme toutes
les nobles maladies de l'esprit.

Gérard de Nerval devait en faire la
douloureuse expérience.

VIII

Les enfants s'inquiètent de ce que deviennent les vieilles lunes, mais les hommes ne s'inquiètent pas assez de ce que deviennent leurs jeunes amoureuses, — celles qu'ils ont délaissées ou qui les ont quittés. L'oubli se fait vite en nos cœurs ingrats, toujours ouverts aux sensations nouvelles, toujours fermés aux impressions anciennes. La vie nous emporte en son tourbillon vertigineux, les heures s'amassent, les années s'accumulent, le passé s'éteint. Seuls, les

poëtes, insoucieux du présent, même de l'a-
venir, jettent en arrière des regards attendris, et « remâchent » leurs bonheurs d'autrefois, — leurs douleurs aussi. Seuls, ils
songent aux verdoyantes amitiés de leur
enfance, aux divines amours de leur jeunesse, aux chers morts et aux belles mortes
enterrés dans le cimetière du souvenir.

Gérard de Nerval, moins sceptique que
François Villon, son ancêtre, a dit :

Où sont nos amoureuses ?
Elles sont au tombeau !
Elles sont plus heureuses
Dans un séjour plus beau.

Elles sont près des anges,
Dans le fond du ciel bleu,
Et chantent les louanges
De la mère de Dieu.

O pâle fiancée,
O jeune vierge en fleur,
Amante délaissée
Que flétrit la douleur...

L'Éternité profonde

Souriait dans vos yeux :
Flambeaux éteints du monde,
Rallumez-vous aux cieux.

Sylvie s'était mariée, et la Reine de Saba était « au tombeau. » Cette double mort avait été le double coup de marteau qui avait fêlé à jamais le cœur de Gérard. En vain voyagea-t-il, espérant ainsi dompter l'âme révoltée en fatiguant le corps : le souvenir, impitoyable, fut son compagnon de route. Il aurait bien dû le prévoir, lui, l'éditeur de Ronsard qui avait dit :

Pauvre sot que je suis, qui pense qu'un voyage,
Tant soit-il estranger, m'arrache du courage !
Le souci encharné qui dans mon cœur vivroit,
Et de sur mon cheval en croppe me suivroit...

Il aurait bien dû le prévoir, lui encore, le traducteur d'Horace qui avait dit, long-temps avant l'amant de la « belle Angevine, » de l'adorable Marie :

Post equitem sedet atra cura.

Son *atra cura* — noir, mais cher souci —

G

était cette belle comédienne dont il avait une fois senti les longs cheveux d'or effleurer ses joues et à laquelle son âme était fiancée pour l'éternité. L'amour du peintre Colonna pour la belle Laura, — aimée jusque par delà la mort !

Il la pleura longtemps, en vers et en prose, à Paris et à Cologne, en France et en Italie, en Hollande et en Allemagne, sous les bosquets du Prater de Vienne et sous les ombrages du parc de Schœnbrunn, sur les rives du Bosphore et le long du canal de Bruges : il s'était juré à lui-même, comme Horace, d'aimer toujours sa Lalagé au doux sourire, à la voix plus douce encore :

Dulce ridentem Lalagen amabo
Dulce loquentem.

D'ailleurs, la saveur âpre — quoique divine — du baiser qu'il en avait reçu, comme Alain Charlier de Marguerite d'Écosse, lui défendait d'oublier.

Il disait :

Je suis le ténébreux, le veuf, l'inconsolé,
Le prince d'Aquitaine à la tour abolie :
Ma seule *étoile* est morte, et mon luth constellé
Porte le *Soleil noir* de la *Mélancolie*.

Dans la nuit du tombeau, toi qui m'as consolé,
Rends-moi le Pausilippe et la mer d'Italie,
La *fleur* qui plaisait tant à mon cœur désolé,
Et la treille où le pampre à la rose s'allie.

Suis-je Amour ou Phœbus, Lusignan ou Byron ?
Mon front est rouge encore du baiser de la reine ;
J'ai rêvé dans la grotte où nage la sirène...

Et j'ai, deux fois vainqueur, traversé l'Achéron :
Modulant tour à tour sur la lyre d'Orphée
Les soupirs de la sainte et les cris de la fée.

Le libraire Touquet, qui avait publié la
satire dialoguée de Gérard de Nerval contre
l'Académie et les académiciens, lui avait
dit : « Jeune homme, vous irez loin! » Et,
comme l'ajoute avec tant d'enjouement Gérard, le destin avait donné raison à ce brave
homme en donnant à son édité la passion

des longs voyages. Entre deux sonnets pour
l'*Artiste* ou deux articles pour la *Presse*,
ce noble esprit, frère de Joubert qui aimait
en effet à voyager dans des espaces ouverts
et à se jouer dans des flots de lumière, s'en
allait droit devant lui, toujours chargé de
son cher souci, — son seul bagage. Il partait au moment où ses amis s'y attendaient
le moins, sans y songer lui-même, comme
pour obéir à l'irrésistible besoin de se fuir.
Volontiers il eût fait comme cet original
qui, un jour, après avoir demandé à sa
femme trois œufs sur le plat pour son dé-
jeûner et être sorti prendre l'air, était parti
pour les Indes, et, de retour après quelques
années, avait dit en entrant chez lui : « Les
œufs sont-ils prêts?... » Gérard partait, sans
se préoccuper des choses ordinaires de la
vie qui, parfois, se rappelaient brutalement
à son attention. Le billet en vers, daté de
Strasbourg, et adressé à Alexandre Dumas,
à Francfort, en est la preuve.

Nous devons des pages nombreuses,

toutes humoristiques, à ce besoin ambula-
toire. Après ses *Filles du Feu* et ses *Illuminés* je placerai immédiatement sa *Lorely*
et ses autres impressions de voyage, qui
ont un accent à part dans notre littérature
contemporaine et qui, à cause de cela, méritent de rester, de survivre à tant d'œuvres
du même genre signées de noms plus écla-
tants que le sien.

Dumas aussi a voyagé. Ses nombreux vo-
lumes de touriste sont amusants, assurément, comme tous ceux qui sont sortis de
sa plume féconde, — une Mère Gigogne
littéraire ! On y rencontre beaucoup d'esprit — et même quelques gasconnades.
Mais l'esprit ne suffit pas pour sauvegarder
une réputation d'écrivain : tant de gens en
ont qui n'écrivent pas ! Il faut autre chose
que n'a pas l'auteur de *Monte-Cristo* et
qu'avait Gérard de Nerval : le style, qui est
la sertissure naturelle des idées, ces diamants, — des cailloux quelquefois. Gérard
de Nerval était son propre joaillier : ce ne

sont pas les pierres précieuses d'un autre
qu'il a montées, ce sont les siennes. Double
et rare avantage !

Même à côté du *Rhin* de Victor Hugo, ce
grand artiste, le *Rhin* de Gérard de Nerval
brille de tout son éclat tranquille. Sterne
ne raconterait pas autrement ses prome-
nades, si, au lieu de voyager en berline, il
voyageait à pied. Cette façon familière de
parler des villes qu'il traverse me charme ;
cela m'apprend en outre quelque chose, non
pas sur les monuments, mais sur les mœurs.
Un menu détail, qu'un touriste solennel
négligerait, m'en dit plus que dix pages de
descriptions. Gérard demande pardon à son
lecteur de lui rendre compte de Strasbourg
comme d'un vaudeville : c'est précisément
cette bonhomie d'allures et cette familiarité d'appréciations qui donnent à son livre
cette saveur originale que l'on chercherait
en vain dans les récits des autres. Il n'écrit
pas un *Guide*, mais un *Voyage sentimental* ;
il ne s'appelle pas Adolphe Joanne, mais

Gérard de Nerval. A lire ses *Sensations d'un voyageur enthousiaste*, on croirait feuilleter les *Lettres familières* du président Charles de Brosses au « gros Blancey. » Tous deux ont la même muse, *pedestris musa*, qui les inspire tous deux de la même façon, c'est-à-dire aussi heureusement, — avec cette différence que les épreuves des *Sensations d'un voyageur enthousiaste* ont l'air d'avoir été revues et corrigées par Henri Heine.

Entre deux sonnets pour l'*Artiste*, ou deux articles pour la *Revue des Deux Mondes*, Gérard de Nerval partait, disais-je tout à l'heure. J'aurais pu, j'aurais dû ajouter : entre deux drames comme *Léo Burckart* ou le *Chariot d'enfant*, entre deux opéras comiques comme *Piquillo* ou les *Monténégrins;* car, quoique son théâtre ne m'intéresse pas autant que ses livres, il mérite cependant qu'on s'arrête pour en parler. C'est d'ailleurs mon devoir de biographe, et je ne saurais m'y soustraire.

Gérard de Nerval, comme beaucoup
d'esprits supérieurs, Balzac, George Sand,
Gozlan, n'était pas organisé pour cette *spé-
cialité* intellectuelle, qui exige des défauts
— et des qualités — qu'il n'avait pas. Qui
peut le plus ne peut pas toujours le moins.
L'habileté dramatique, l'entente des choses
scéniques, le sentiment des effets dramatiques et comiques, tout cela veut une
aptitude particulière qu'il ne faut pas pri-
ser trop haut, mais qu'il ne faut pas non
plus mépriser trop fort — sous peine de com-
mettre une injustice et une sottise. Il est
permis, littérairement parlant, de préférer
Mérimée à Bouchardy et Gozlan à Dennery;
mais il n'est pas permis, en bonne équité,
de hausser les épaules d'une façon mépri-
sante à propos de l'auteur du *Sonneur de
Saint-Paul* et de l'auteur de *la Grâce de
Dieu*. Ces estimables entrepreneurs d'émo-
tions populaires exagèrent peut-être un peu
leur importance, autorisés qu'ils y sont par
l'engouement de la foule et l'abondance de

leurs recettes; mais cette importance est
réelle, et il faudra compter avec elle lorsqu'on écrira l'histoire littéraire de ce
siècle.

Gérard de Nerval, malgré l'exubérance
de son imagination, ou plutôt à cause de
cette exubérance, n'était pas propre à ce
travail qui exige, pour être mené à bonne
fin, un sens plus rassis que le sien. Il y a
d'excellents cavaliers, des Rarey intrépides
ou charmeurs, qui monteraient sans peur
la cavale la plus farouche, l'étalon le plus
fougueux; mais il y a aussi d'excellents co-
chers qui, d'une main sûre, conduisent leurs
quadriges pompeux sur les cailloux du
Cirque, aux applaudissements de milliers
de spectateurs enthousiasmés par la façon
dont ils savent *ramasser les guides*. Excellent cavalier, Gérard, — cavalier comme
Mazeppa; mais mauvais cocher, détestable
cocher !

Cependant il fut un jour sur le point
d'obtenir un fouet d'honneur et *d'attraper*

un *joli succès*, comme on dit en argot de coulisses. Ce fut à propos de l'*Imagier de Harlem*, un drame énorme, fantastique, touffu comme une forêt, mystérieux et sombre comme l'antre de Trophonius. Peut-être, parmi mes lecteurs, s'en trouve-t-il quelques-uns qui ne se rappellent pas ce drame-légende en cinq actes et en dix tableaux, écrit et pensé par Gérard de Nerval en collaboration avec Méry,—aussi mauvais *carcassier* que lui; mais le sous-titre de l'affiche le leur fera deviner : l'*Imagier de Harlem* ou la *Découverte de l'Imprimerie*. Ils voient d'ici la donnée historique et philosophique des deux auteurs, en prenant la peine de se rappeler l'état de l'Europe vers la fin du xvᵉ siècle : l'Allemagne est gouvernée par un prince qui ne croit pas au génie, mais qui croit à la magie, l'archiduc Frédéric III ; la France l'est par un roi qui n'a pas foi dans les autres, mais en lui-même, Louis XI ; « l'Inquisition lutte en Espagne avec la généreuse Isa-

belle; les Borgia pèsent sur l'Italie; c'est
alors qu'un autre *fiat lux* tombe à son tour
de la bouche d'un homme : l'étoile de Laurent Coster se lève à Harlem, dans la cave
d'un imagier. Comme tous les inventeurs,
cet homme rencontre sur sa route la haine,
la jalousie, l'envie, le sarcasme, la persé-
cution, c'est-à-dire l'esprit du mal, dont
la personnification complète habite les lieux
infernaux, selon les croyances légendaires
de tous les peuples et de tous les pays. »

Voilà la donnée historique. « Malheureusement, tous ces inventeurs, tous ces
hommes de génie ont dans le front une folle
maîtresse, une femme qui n'existe pas et
qui se nomme Imagination; ils la poursui-
vent toute leur vie, ils sacrifient tout à ce
rêve; ils bâtissent pour lui de beaux châ-
teaux en Espagne, et oublient leur maison
et le travail... » Voilà la donnée dramatique
et philosophique. Coster, aimé de sa femme
Catherine, aime une chimère, une *étoile*,
Aspasie, pour avoir trop eu devant les yeux

la médaille frappée par Périclès en l'honneur de cette spirituelle courtisane ; Catherine meurt et l'imagier devient fou...

Quoiqu'elle fût littéraire, plus littéraire
encore que le *Chariot d'enfant*, joué six
mois auparavant à l'Odéon, cette pièce
renfermait des éléments de succès tout
autant que *Gaspardo le Pêcheur* et autres
Tour de Nesle : elle en eut un retentissant
— pendant un mois — grâce aux splendeurs
de la mise en scène, pour laquelle le nouveau directeur, M. Marc Fournier, s'était
mis en frais ; grâce aux jambes des dan-
seuses spécialement engagées pour cette
solennité ; grâce enfin au talent populaire
de Mélingue, un grand acteur s'il n'est pas
un bon comédien. Le public accourut, et,
quoique étonné des perles qu'on avait semées
avec prodigalité devant lui, prose et vers, il
applaudit. Si on lui servait plus souvent
une nourriture aussi délicate, peut-être
finirait-il par prendre un peu plus de goût
aux belles choses, et délaisserait-il, comme

ils le méritent, les *arlequins* dramatiques
qu'on lui jette depuis si longtemps en pâture.
Mais, pour cela, il faudrait que les direc-
teurs de théâtre fussent un peu plus hommes de lettres,—et les auteurs aussi.

Je veux, à propos de cette pièce étrange,
citer une anecdote inédite et parfaitement
authentique, qui dira mieux que je ne saurais le faire quelle âme d'enfant avait
Gérard de Nerval.

Le soir de la dernière répétition générale [1],—c'est-à-dire de la première représentation, car il y a, dans la salle, presque
autant de monde, et, sur la scène, les
acteurs, en costume, jouent avec la même
émotion et le même entrain,—le soir de la
première représentation, donc, Gérard était
là, aux stalles d'orchestre, au milieu de ses
confrères et aussi d'inconnus, écoutant de
toutes ses oreilles comme s'il se fût agi du
drame d'un autre et non pas du sien. De

---

[1] 26 décembre 1851.

temps en temps, il dodelinait de la tête en signe d'improbation, ou applaudissait de ses deux mains pour témoigner du plaisir que telle ou telle scène lui procurait. Toutefois, malgré l'intérêt qu'il semblait prendre au développement de l'*Imagier de Harlem*, il s'en allait au moment même où Laurent Coster venait de dire à la belle Aspasie, l'enchanteresse :

> . . . Madame, avec vous a vécu ma pensée.
> Déjà, depuis longtemps, mes rêves, mes travaux,
> Partout vous retrouvaient sous des attraits nouveaux.
> Inconnue et présente à mon âme ravie,
> Telle que je vous vois, vous habitiez ma vie....

Où était allé Gérard? Il n'était pas reparti pour le Caire, ni pour Anvers, ni pour Vienne; mais il ne s'en fallait guère, car certainement il y avait songé. Il y a des artistes qui ne voudraient jamais vendre leurs tableaux, qui voudraient les avoir toujours là, devant leurs yeux, accrochés aux murs de l'atelier, leur berceau : il y a aussi des poëtes qui n'ont nul souci du public, qui aiment pour eux-mêmes les enfants de leur cerveau et qui n'ont de joies véritables que les douleurs saintes de la parturition. Gérard de Nerval s'était intéressé à la légende de Laurent Coster tout le temps qu'avait duré l'enfantement de cette légende; maintenant qu'elle marchait toute seule, maintenant qu'elle n'avait plus besoin de ses soins, elle n'avait plus besoin de son amour. S'il avait applaudi çà et là à certains passages de l'*Imagier de Harlem*, pendant cette répétition générale, ç'avait été sans doute pour plaire à Méry. Ce qui est certain, c'est qu'à trois heures de là, au milieu de la nuit, un de mes amis, son voisin de stalle à la Porte-Saint-Martin, l'esprit enchanté, mais l'estomac un peu creux, entrant pour se réconforter chez Bordier, aux Halles, le retrouvait assis à une table de la grande salle de ce restaurant, écrivant au milieu du brouhaha des soupeurs avinés avec le même sérieux que

M. de Buffon dans sa bibliothèque du château de Montbard.

Quand on vient de lire un livre qui vous a ému, ou d'assister à un drame qui a fait vibrer en vous les plus nobles cordes, et qu'on en rencontre brusquement l'auteur, le premier mouvement, instinctif, est d'aller à lui, de lui serrer la main et de le remercier, — quoiqu'on n'ait pas eu l'honneur de lui être présenté. Ainsi avait fait mon ami [1] en se trouvant ainsi inopinément en présence de Gérard de Nerval : il s'était empressé à le féliciter, en lui annonçant le succès complet de l'*Imagier*. Gérard s'était laissé féliciter, comme s'il se fût agi d'un autre que de lui, sans se scandaliser de la liberté grande que prenait là un inconnu ; puis, tout naturellement disposé à l'expansion, il s'était mis à raconter à cet inconnu comment il avait été amené à reconstruire

[1] M. Eugène Mathieu, alors rédacteur au *Messager des Théâtres* d'Auguste Lireux.

cette légende savante et poétique de la Découverte de l'Imprimerie, quelle part exacte en revenait à Gutenberg, cet autre Améric Vespuce, et ce qu'il aurait désiré introduire à tel ou tel acte du drame, si M'. Marc Fournier l'avait permis.

Par exemple, il était une chose qu'il regrettait entre toutes, — un décor qu'il avait rêvé pour le septième tableau. Au tableau précédent, c'est la tentation de Laurent Coster, dans le château de Beauté, par la dame de Beaujeu, ou Alilah, ou Aspasie, dont l'apparition fatale le poursuit sans cesse pour enivrer son cœur et tuer sa conscience ; château merveilleux, que rendent plus merveilleux encore les cordaces lascives des Heures personnifiées. L'ombre de Catherine, morte dans l'attente vaine de son cher Laurent, apparaît à son tour, et sanctifie cette Capoué où l'imagier a dormi douze ans, sans s'en apercevoir. Satan, furieux, s'écrie : « Disparaissez, créations de mon génie! Le ciel l'emporte sur l'enfer! »

Gérard de Nerval avait imaginé alors, pour
le tableau suivant, le même décor que celui
qui représentait le Château de Beauté;
seulement, ce château eût été en ruine —
le spectre de sa splendeur — pour donner
raison aux dernières paroles de Satan...
« Mais, disait Gérard de sa voix lente et
douce, cela eût coûté quelques centaines de
francs, et, malgré le bon effet que ce décor
eût produit, je comprends que Marc Fournier ne l'ait pas commandé à Devoir. J'ai
dû m'en passer, quoique j'y tinsse beaucoup,
et le septième tableau a représenté une forêt qui servait déjà depuis longtemps à la
Porte-Saint-Martin, la forêt de *Robert-Ma-
caire*, je crois. Le public ne s'en est pas
plaint, c'est le principal. Mais je regrette
mon château en ruine, et si j'avais eu
l'argent nécessaire, vous l'auriez vu ce soir
à sa place naturelle... »

Gérard de Nerval se révèle dans ce petit
détail intime, à ce qu'il me semble, et je ne
me pardonnerais pas de l'avoir négligé.

Un autre détail qui le peint assez bien aussi me revient en mémoire. C'est à propos des *Monténégrins*, opéra comique en trois actes, musique de Limnander, représenté pour la première fois le 31 mars 1849.

Le 10 février 1850, Gérard de Nerval recevait des bouchers de l'abattoir Montmartre une lettre grotesque par la forme, mais sérieuse par le fond, dans laquelle ils lui disaient qu'enthousiasmés par sa « jolie pièce » de l'Opéra-Comique, les *Monténégrins*, ils avaient résolu de prendre pour costumes de leur mascarade annuelle ceux de cet opéra, le priant, en outre, non pas d'assister à la promenade carnavalesque ainsi monténégrinisée, mais à un « petit festin d'amis où l'on devait bien s'amuser. »

Gérard, non pas flatté, mais seulement touché de cette marque naïve de sympathie, répondait aux signataires de cette lettre une autre lettre du même nombre de lignes — vingt-neuf — par laquelle il remerciait et acceptait. Et, à la fin ou au milieu de ce repas cordial, il prononçait un speech dans lequel, après avoir remercié de nouveau ses généreux amphitryons, il leur déclarait que, quoique partisan du Bœuf Gras, il partageait cependant les doctrines des Pythagoriciens; qu'en conséquence il croyait fermement que les âmes humaines habitaient les corps des animaux; que notamment celles des bouchers devaient avoir choisi de préférence les bœufs, gras ou non, les moutons et autres bêtes à cornes; qu'à cause de cela, la mort violente du Bœuf Gras ne ressemblait à rien moins, pour lui, qu'à un assassinat, celui de quelque boucher d'autrefois, et qu'il était heureux de l'occasion que lui fournissait cette mascarade fraternelle pour exprimer le vœu qu'on renonçât désormais à abattre les pauvres animaux et qu'on remplaçât à l'avenir le traditionnel Bœuf Gras par un HARICOT GRAS, moins imposant assurément comme Dieu, mais aussi poussant moins au remords.

Je n'ai pas besoin d'ajouter que le speech
de Gérard avait été couvert d'applaudissements, non pas qu'il eût été considéré par
les bouchers présents à ce repas comme une
aimable plaisanterie, — mais seulement
parce qu'ils ne l'avaient pas compris. Ils
avaient un « auteur » avec eux : cela leur
suffisait, cet auteur avait le droit de tout
dire — pourvu qu'il ne les forçât pas de
tout comprendre.

I X

« Avec le temps — dit Gérard de Nerval en tête de ses *Nuits d'Octobre* — la passion des grands voyages s'éteint, à moins qu'on n'ait voyagé assez longtemps pour devenir étranger à sa patrie. Le cercle se rétrécit de plus en plus, se rapprochant peu à peu du foyer. »

L'heure avait sonné où, las de ses courses infécondes à travers l'Europe, il éprouvait enfin le besoin de revoir son « ruisseau de la rue du Bac, » et s'écriait, en mangeant le pain salé de l'étranger, comme Ulysse dans l'*Odyssée* :

> ....Ah ! puissé-je bientôt
> Voir de mon toit natal s'élever la fumée !

Il était revenu à Paris, où il était né et où était morte la Reine de Saba, dont le souvenir, quoique un peu furvescent, brillait toujours devant ses yeux comme le feu-follet des marécages — si trompeur !

Les années, en s'accumulant sur sa tête, n'avaient pas entamé la cuirasse de diamant de son cœur, toujours battant des ineffugibles pulsations de l'amour ancien — cependant un peu ralenties. Tout au contraire des gens que la foudre hébète quand elle ne les tue pas, Gérard de Nerval avait gagné une sorte de vigueur morale à cette lutte corps à corps avec la Fatalité : le chêne blessé saignait, — mais c'était du baume qui sortait par la fente toujours béante de sa blessure. Bien loin de maudire rien ni

personne dans la vie, Gérard se faisait de
plus en plus hospitalier, doux, et bon. Vous
connaissez la devise proposée par Furetière
pour l'Académie française : une enclume
sur laquelle frappent trois marteaux à man-
chettes, avec cette devise : *Crebro pulsata
nitescit.* C'était celle de Gérard : plus la
Fatalité l'avait frappé, plus elle l'avait poli.
Il n'était pas jusqu'à son style qui ne se
fût ressenti de ce châtiment immérité, —
si heureux pour nous, ses lecteurs. Les derniers écrits de sa vie ont une vigueur et une
nitidité que n'ont pas les premiers : *Les
Nuits d'Octobre* et *Aurélie* ou le *Rêve et la
Vie.*

C'est alors que je le connus.

Je me trouvais un soir de l'hiver de 1854,
seul et un peu mélancolisé par la neige qui
tombait, devant une des trois tables du *Cabaret de la Canne,* sur le boulevard Roche-
chouart, et devant une bouteille dédaignée.
Je rêvassais tout en suivant de l'œil, sur la
pierre qui servait de parquet à ce cabaret.

les lueurs tremblotantes du poêle de fonte qui ronflait en ce moment comme une toupie d'Allemagne. *Mademoiselle* — la chatte familière de la maison — était sur mes genoux et elle essayait de me prouver, par un ronron éloquent et prolongé, que j'avais tort d'être mélancolique et de songer aux absents et aux absentes, qui certainement ne songeaient pas du tout à moi. Une vieille femme, une pauvresse du voisinage, mangeait à quelque distance une sorte de brouet noir apporté par elle sur son *gueux*. Elle avait des dents chassieuses et des yeux pleins de tartre. Au bout de son nez de corbin pendaient continuellement des stalactites de couleur ambrée, des *roupies* de Damoclès suspendues au-dessus de son potage. Malheureux potage! quel dégoût il devait éprouver à être mangé par cette horrible vieille — qui peut-être, quarante ans auparavant, avait été une agaçante jeune fille « aux yeux de flamme! »

Tout en songeant à ceux et à celles qui

ne songeaient pas du tout à moi, je rebâtissais aussi, dans mon esprit, l'édifice féminin dont les ruines surplombaient à quelques pas de moi. Je reconstruisais, à grandes truellées d'imagination au sas, cette existence démolie par les tempêtes d'une vie certainement très-accidentée; j'essayais de retrouver, sous le lierre parasite et les pariétaires immondes qui la recouvraient, sans l'habiller, la jeune femme pour laquelle avaient jadis battu tant de cœurs vingtenaires. La vie se boit comme le vin, et, comme le vin aussi, elle grise les uns et ré conforte les autres. Quand on l'a bue aux trois quarts, il ne vous en reste plus que la lie — c'est-à-dire le souvenir — qui trompe votre soif durant les dernières années que vous avez encore à vivre. Cette lie, douce aux lèvres parfois, amère au cœur souvent, ce sont les *reliquiæ* — qui sont faites d'amour, pour la plupart. Je me demandais précisément quelles pouvaient être les *reliquiæ* de cette vieille sordide qui, de toute

nécessité, avait dû commencer par être une
jeune fille appétissante...

Un homme entra, secoua son paletot
couvert de neige, vint s'installer à une table
voisine de la mienne, en face d'un petit
verre. Puis il s'accouda, me regarda, regarda *Mademoiselle*, but son petit verre, et
secoua la tête, — une tête intelligente, au
front vaste, chauvé, mais lumineux.

Je le regardai me regarder, et alors les
paroles engourdies par le froid du dehors
commencèrent à dégeler à la flamme de la
causerie intime. Les heures passèrent ainsi,
moi écoutant, lui parlant de choses qui
devaient m'être chères, c'est-à-dire des
dessous ténébreux de la grande ville dont
j'ai l'honneur d'être un des enfants les plus
inconnus, mais non les moins respectueux.
Je me souviens, entre autres choses, qu'il
me parla de Montmartre, qu'il avait longtemps habité, et d'une vigne romaine, la
dernière du cru célèbre du temps de Julien, qu'il avait été sur le point d'acheter,

quelques années auparavant, pour la modique somme de trois mille francs, et dont on voulait maintenant trente mille francs... En nous quittant, vers deux heures du matin, nous ne nous connaissions ni l'un ni l'autre, — mais nous étions les meilleurs amis du monde, malgré la différence de nos âges.

Je publiais à ce moment-là, dans un journal parisien, une *Galerie des célébrités contemporaines*. J'avais tout naturellement ouvert cette série par la biographie de Gérard de Nerval, pour lequel je ressentais, à son insu, une vive sympathie littéraire. Quelques articles avaient paru déjà. J'en avais pour deux ou trois numéros encore. J'aurais même souhaité de pouvoir en parler plus longuement, parce qu'en racontant l'œuvre, je racontais aussi la vie de l'écrivain, et cela m'intéressait beaucoup.

Les journaux hebdomadaires ont des nécessités auxquelles il faut se soumettre. La biographie de Gérard de Nerval fut interrompue; les épreuves en restèrent pendant une douzaine de jours sur le marbre de l'imprimerie. On était aux premiers jours du mois de janvier 1855. Un matin, je reçois une lettre d'une écriture inconnue. Je l'ouvre, je la lis. La voici. Je n'y changerai pas un mot, car je ne la donne pas à cause des éloges qu'elle renferme, — éloges ironiques à force d'être bienveillants, — je la donne à cause de sa signature :

« Monsieur,

« Que de choses charmantes vous avez écrites sur mes livres! Je n'ose me sentir digne de tant d'éloges. Mais cela vient m'encourager dans un moment où j'ai besoin de m'appuyer sur ce que j'ai fait pour tâcher de mieux faire si ma santé le permet encore. Je suis heureux de me voir soutenu par un écrivain qui parle de style en maître et qui entend si hautement la critique littéraire. J'attends le numéro prochain pour me rendre compte de l'ensemble de votre appréciation et vous en remercier pleinement,

avec l'espoir de profiter de quelques sévérités
qu'il me reste à vous demander du moins.

« Votre bien dévoué,

« GÉRARD DE NERVAL. »

Le lendemain, je rencontrai rue Guéne-
gaud, chez le libraire Bry, mon inconnu du
cabaret de la Canne. Il m'apprit alors son
nom, que je viens d'écrire. Je m'en voulais
de ne pas l'avoir deviné plus tôt, et je le lui
dis, en le priant de me pardonner. Il le fit
volontiers, et avec une délicatesse d'ex-
pressions qui me toucha, parce qu'il comprenait à merveille, en effet, que le dépit
que je ressentais ne venait pas seulement
de lui, mais de moi, — c'est-à-dire qu'à
franchement parler, je m'en voulais beaucoup plus d'avoir manqué de flair que d'autre chose. J'avoue cela, d'abord parce que je
ne suis pas un saint, ensuite parce que ce
puéril orgueil m'a été remis, comme un pé-
ché véniel, par le bienveillant pardonneur
que cela intéressait directement. C'était de

sa faute aussi, à ce modeste homme de talent, à cette violette littéraire qui ne se ré-
vélait que par le parfum de ses livres ; car,
s'il y a des gens dont les défauts sont si
soigneusement dissimulés qu'on peut dire
d'eux, comme un personnage des *Plaideurs*
à propos d'un autre personnage de la même
comédie, qu'ils « boitent tout bas, » il y en
a d'autres dont les vertus littéraires sont
plus soigneusement dissimulées encore, à ce
point qu'on pourrait croire qu'ils n'ont de
génie qu'à huis-clos.

X

Gérard de Nerval ne se trompait pas en prétendant que le hasard avait joué un grand rôle dans sa vie : le hasard avait présidé à sa naissance et devait présider à sa mort.

Quelques jours après cette double rencontre, le mercredi 24 janvier 1855, Gérard de Nerval écrivait à un de ses amis : « Viens me reconnaître au poste du Châtelet. » L'ami y alla, le réclama et le fit sortir.

Gérard devait avoir bien froid : on était au mois de janvier, la Seine charriait, et il n'avait pas de manteau. Il raconta à son ami que, la veille, il était entré dans un cabaret des Halles, chez Baratte ou chez Bordier, pour y attendre le jour et achever le roman qu'il avait donné à la *Revue de Paris, Aurélie ou le Rêve et la Vie*; une rixe était survenue entre ses voisins de salle, des bohémiens de la pire espèce; on avait été chercher la garde, et, comme il faisait trop froid et trop nuit, le caporal, pour n'avoir pas à séparer le bon grain de l'ivraie, ce qui lui aurait demandé du temps, avait trouvé plus court d'emmener tout le monde coucher au *violon*. Parmi tout ce monde, il y avait des enfants et Gérard — un autre enfant, plus innocent encore que ceux qu'on avait arrêtés cette nuit-là. Il s'était résigné d'autant plus facilement que, comme Montauciel, il savait ce que c'est que de vivre en prison. On lui avait crié de temps en temps, ainsi qu'aux autres : « Ne

I

dormez pas, car on vous trouverait au matin morts de froid... » Il n'avait pas dormi, n'en ayant pas envie d'ailleurs, et avait passé une partie de cette longue nuit à jouer avec les enfants, ses compagnons, pour se réchauffer,—ce qui ne l'empêchait pas, tout en racontant cela, de grelotter et de claquer des dents.

Gérard n'avait pas d'argent : il emprunta cinq francs à son ami qui, après avoir insisté inutilement pour lui faire accepter une somme plus sérieuse, l'emmena déjeuner avec lui dans un restaurant de la rue des Prouvaires. Au début du repas, Gérard, regaillardi par la chaleur de la salle et par celle du bourgogne, semblait être *mentis compos*; mais peu à peu, à mesure que sa mémoire dégelait, il se rappelait, et son visage s'assombrissait. Ce qui le préoccupait surtout, c'était son roman commencé, qu'il ne savait comment terminer.

« —Je suis désolé, disait-il; me voilà aventuré dans une idée où je me perds; je

passe des heures entières à me retrouver...
Croyez-vous que c'est à peine si je peux
écrire vingt lignes par jour, tant les ténèbres
m'envahissent!... »

Son ami le rassura de son mieux, comme
il devait le faire, et le plus délicatement
possible ; mais Gérard secouait toujours
tristement la tête d'un air de doute qui
prouvait qu'il en savait plus long sur l'état
de son âme que ne le supposaient ceux qui
le voyaient le plus fréquemment.

Il avait besoin de se retrouver seul—
pour se chercher. Il remercia son ami, après
l'avoir accompagné jusqu'à l'extrémité du
passage Véro-Dodat, et entra dans le café
qui donne sur ce passage et sur la rue
Croix-des-Petits-Champs, en face de la rue
Montesquieu ; il avait, disait-il, à lire les
journaux et à écrire quelques feuillets
d'*Aurélie*. Son ami le quitta, non sans avoir
insisté de nouveau pour lui faire accepter
un peu plus d'argent qu'il ne lui en avait
demandé,—et toujours aussi inutilement.

Cinq francs, pour un poëte qui connaît les ressources de Paris, c'est l'existence de trois ou quatre jours,—à moins qu'il ne les laisse tomber dans le chapeau d'un mendiant ou dans la main d'un brocanteur.

Moins de quarante-huit heures après, à l'aube du vendredi 26 janvier, et sans qu'on sût quel emploi il avait pu faire de son temps, à partir du moment où son ami l'avait quitté, on le retrouvait au fond d'une ruelle infâme, pendu à une grille sinistre, la tête dans l'ombre et les pieds dans la boue...

Cette rue, c'était la rue de la Vieille-Lanterne, que l'Édilité avait condamnée depuis longtemps à disparaître, et où n'allait pas tarder à s'abattre la pioche des démolisseurs.

Peu de personnes aujourd'hui, j'en suis sûr, se rappellent la place du Châtelet et ses alentours avant l'établissement du square Saint-Jacques-la-Boucherie et l'érection des deux théâtres-casernes qui en

font aujourd'hui le principal ornement. Il
suffit de fermer les yeux et de les rouvrir
en dedans pour revoir nettement, comme
un décor de drame, cette place et ses rues
adjacentes. À gauche, où se trouve aujourd'hui le théâtre du Cirque, était le
restaurant du *Veau-qui-tette,* où venaient
déjeuner les huissiers et les commissaires-
priseurs des ventes qui se faisaient alors sur
la place même, à peu près à l'endroit où
l'on a construit depuis un Hôtel pour ces
Messieurs. A droite débouchaient trois ou
quatre rues, la *Rue de la Vieille-Place-aux-*
Veaux, la *Rue de la Jouillerie,* la *Rue du*
Pied-de-Bœuf, ou plutôt la *Rue de la*
Tuerie; puis derrière ces rues malsaines,
malpropres, sombres, un lacis d'autres rues
plus sombres encore, plus fétides, plus lé-
preuses, dignes enfin de la *Vallée de misère* à
laquelle elles appartenaient autrefois, au
temps où la place du Châtelet était l'Apport-
Paris : la *rue Saint-Jacques-la-Boucherie,*
la *rue Saint-Jérôme,* la *rue Planche-Mibray,*

la *rue de la Vieille-Tannerie*, la *rue de la Vannérie*, la *rue de la Vieille-Lanterne...*

Ah! cette dernière surtout était la plus sinistre parmi les plus sinistres, la plus hideuse parmi les plus hideuses. Au XIIIe siècle, c'était la *rue de l'Escorcherie*, plus tard la *rue des Lessives*; et, au XIXe siècle comme au XIIIe, elle ressemblait plus à un égout qu'à une voie publique. De fait, on y passait peu, excepté la nuit, à cause des maisons *borgnes* qu'elle recélait et des abris que les rôdeurs trouvaient dans son voisinage, après leurs coups de main. Son sol, sans cesse détrempé par les pluies et par l'eau des ruisseaux, formait une boue noire qui se figeait de temps en temps, comme une rouille honteuse, entre les joints de ses rares pavés, à moitié déchaussés. A l'extrémité de cette ruelle galeuse, vers la rue de la Tuerie, était un escalier brisé, par lequel on remontait des ténèbres vers la lumière, de la fange vers la propreté, et le long duquel un corbeau péripatéticien

sautillait gravement pendant la journée. Au
pied de l'escalier, une grille, à hauteur
d'homme; en face, une écurie où couchaient
des vagabonds; à quelques pas, un *garni*
suspect; puis rien que des maisons muettes
et des murs suant la misère et l'abjection...

C'était là, dans cette rue tarée, à cette
grille, devant ce bouge, que Gérard de
Nerval, qui avait toutes les délicatesses,
était venu mourir, le matin du 26 janvier
1855, — et de quelle mort! C'était là,
pendu avec un cordon de tablier dont les
deux bouts se rejoignaient sur sa poitrine,
et les pieds presque touchant terre, qu'un
des hôtes du garni, en sortant pour se rendre
au travail, l'avait trouvé, lui, l'amant de
la Reine de Saba! C'était à n'y pas croire,
et cependant cela était ainsi : Gérard de
Nerval s'était pendu, ou on l'avait pendu.

Les voisins et les commères du quartier
s'étaient rassemblés en grande hâte autour
du suicidé, qui leur offrait ainsi un spectacle
gratuit, émouvant; mais aucun d'eux

n'avait songé au plus pressé, c'est-à-dire à
couper le fil qui retenait Gérard à cette
odieuse grille, à ces misérables barreaux.
On n'osait pas! Il fallait pour cela un com-
missaire de police! Superstition stupide!
pusillanimité cruelle!

Gérard n'était pas mort encore, pourtant.
Il agitait la main droite, faiblement, comme
pour demander qu'on fît cesser son agonie,
soit en la précipitant, soit en la combattant
par le moyen indiqué par le bon sens le plus
vulgaire. Mais ce signe d'angoisse, cet appel
muet, nul ne le comprenait, nul n'était en
état de le deviner, parmi ces dignes hôtes
d'une ruelle du moyen âge.

Quand on se décida à aller chercher un
médecin et quelques hommes de garde au
poste du Châtelet, il était trop tard. Le médecin fit une saignée, le sang coula, on
pouvait espérer encore; mais c'était fini,
bien fini, le quart d'heure qu'on avait perdu
à délibérer avait suffi : Gérard de Nerval
avait vécu.

XI

La nouvelle de cette mort tragique courut Paris, et ce fut un deuil général, car Gérard de Nerval était aimé de ses confrères et connu d'un grand nombre de lecteurs de choix, — s'il était ignoré de la foule. On s'empressa, on accourut, on voulut savoir les moindres détails de cette fin lamentable, et ce dut être un grand étonnement pour les habitants de l'abominable rue de la Vieille-Lanterne que cette affluence de monde, — et du meilleur monde. On inter-

rogea fiévreusement la maîtresse du garni,
les voisins, les commères; on interrogea
jusqu'aux pavés de la rue, jusqu'à la grille,
jusqu'à la clef symbolique au-dessous de laquelle il s'était pendu. Des artistes vinrent
qui firent à cette rue déshonorée l'honneur
de la dessiner, de fixer sur le papier, d'une
manière indélébile, son aspect criminel, sa
physionomie abjecte, avec son nom de
truande.

Ce ne fut pas tout. On demanda une en-
quête, on la fit, on recueillit tout ce qui
pouvait mettre sur la voie, tout ce qui pouvait jeter quelque lumière sur cette téné-
breuse affaire; car enfin, Gérard pouvait
ne s'être pas tué, des mains étrangères
avaient pu nouer autour de son cou le fatal
cordon... Si Gérard eût songé au suicide,
il l'aurait choisi plus noble, plus digne de
lui, de son nom, de ses amis; il ne serait
pas venu rue de la Vieille-Lanterne, dans
l'atmosphère infecte d'une rue mal famée,
terminer une existence si honorablement

menée jusque-là. Il aurait rendu l'âme, il
ne l'aurait pas crachée [1] !

Voilà ce qu'on disait. On ajoutait d'autres
choses encore. Malheureusement, il n'en
fallait pas douter : c'était de ses propres
mains que Gérard avait attaché à son cou
le lacet suprême.

Il n'était pas content, on l'a vu ; son roman, fait au jour le jour, ne marchait pas
à son gré ; il sentait son intelligence lui
échapper et s'épuisait à la ressaisir. Et
puis, il faisait froid, la ville était triste.
Peut-être aussi avait-il été humilié de sa
dernière nuit passée avec des vagabonds,
lui, l'honnête homme, avec des coquins, lui
le poëte. Et puis encore, sans doute l'amer-
tume de ses souvenirs lui avait paru trop
forte, les clous de son cilice amoureux
étaient sans doute entrés trop profondément
dans son cœur meurtri. On ne sait pas, enfin,

[1] Cette énergique expression, que je m'excuse d'em-
ployer, est de Pétrone : *Chrysanthus animam ebul-
liit*, dit un des convives du festin de Trimalcion (A. D.)

tout ce qui peut se passer dans l'esprit d'un homme hanté par des visions, persécuté par des regrets comme d'autres le sont par des remords, — et cela par une nuit d'hiver, dans ce grand désert d'hommes qui s'appelle Paris, alors qu'on n'a plus de seuil hospitalier où diriger ses pas, alors qu'on n'est attendu par personne, ni par sa maîtresse ni par son chien !

Coupable ou non, volontaire ou involontaire, cette mort fut un deuil pour les lettres françaises que Gérard de Nerval honorait si bien, et que ses œuvres auront enrichies sans qu'il s'en doutât, l'homme modeste ! S'il n'eut pas le génie, il eut du moins le talent, — et un talent du meilleur aloi, un talent rare. Il ne va pas à la postérité avec un lourd bagage, mais il y va. Quand tant de noms, aujourd'hui orgueilleux, auront fait le plongeon dans l'oubli, le sien surnagera, rayonnant de sa douce et pure lumière d'*étoile*.

XII

Dans le cloître de la cathédrale de Worcester, dit Chateaubriand (*Essai sur la littérature anglaise*), on remarque une plaque sépulcrale; elle ne porte ni date, ni prière, ni symbole; on y lit ce seul mot : *Miserrimus* (le plus malheureux, ou très-malheureux). Cet inconnu, ce *Miserrimus* sans nom, n'est-ce pas le génie ?

FIN.

ACHEVÉ D'IMPRIMER

Le 2 Mai 1865

Aux frais de

Mme BACHELIN-DEFLORENNE

Libraire-Éditeur

PAR BONAVENTURE ET DUCESSOIS

www.ingramcontent.com/pod-product-compliance
Lightning Source LLC
Chambersburg PA
CBHW070943100426
42738CB00010BA/1947